MARIO TOCCI

MARINA COLELLA MASSIMO IZZO

ALESSANDRO AMOROSO FABIO AMOROSO

L'ARBITRO BANCARIO FINANZIARIO

2013 PE Primiceri Editore

ISBN 978-88-98212-07-1
Marzo 2013 – Primiceri Editore

www.primicerieditore.it

PREFAZIONE

L'Arbitro Bancario Finanziario integra il sistema giurisdizionale (o, meglio, para-giurisdizionale) italiano in modo assolutamente efficace per il cittadino titolare dello status di utente di servizi bancari e finanziari. Fino all'istituzione di tale organismo, il cittadino avente lo status menzionato era considerato l'elemento debole del sinallagma negoziale (oppure di derivazione negoziale) che lo vincolava alla banca o al diverso erogatore di credito.

La tempistica dei giudizi civili, la scarsa competenza di magistrati spesso non specializzati ed i costi economici e sociali del contenzioso rendeva abbastanza veridica tale connotazione.

Oggi il cittadino ha la possibilità di difendersi in tempi brevi, a costi irrisori e innanzi a soggetti giusdicenti assolutamente competenti.

Vero è che le decisioni dell'Arbitro Bancario Finanziario non hanno un valore cogente: tale caratteristica è, tuttavia, meramente formale e per nulla sostanziale, atteso che i meccanismi di pubblicizzazione dell'eventuale inottemperanza di una banca espone la medesima ad un discredito mediatico indi commerciale del tutto pernicioso indi da scongiurare.

Non si può sottrarre ulteriore tempo al lettore, sicché questa prefazione deve terminare subito.

Un cenno, però, merita la motivazione in virtù della quale il presente testo vede la luce. Assieme ai colleghi Marina Colella, Massimo Izzo, Alessandro Amoroso e Fabio Amoroso abbiamo inteso fornire a cittadini, professionisti, operatori del credito e imprese uno strumento di conoscenza ed approfondimento non presente – sino ad oggi – nel panorama della saggistica di settore. Speriamo di esserci riusciti e confidiamo nella benevolenza di chi ci leggerà, premiando evidentemente l'investimento e lo sforzo di un editore valente e coraggioso come Salvatore Primiceri. Il testo si completa con una serie di domande a risposta multipla, atte a consentire al lettore di procedere all'autoverifica dell'apprendimento dei contenuti.

Cosenza, 04 febbraio 2013

Mario Tocci

PARTE PRIMA

RIFLESSIONI SULL'ARBITRATO

Tipi di arbitrato nell'ordinamento giuridico italiano

a cura di Fabio Amoroso*

Nell'ordinamento giuridico italiano distinguiamo vari tipi di arbitrato:

- arbitrato rituale;
- arbitrato irrituale;
- arbitrato di diritto;
- arbitrato di equità;
- arbitrato ad hoc;
- arbitrato amministrato;
- arbitrato estero;
- arbitrato internazionale;
- arbitrati speciali.

"Con l'arbitrato rituale, previsto e disciplinato dal codice di rito, le parti ricorrono agli arbitri, perché la loro decisione (lodo) acquisti efficacia di sentenza" . Il lodo in questo caso può essere impugnato per nullità, per revocazione e attraverso opposizione di terzo. L'istituto è regolato dagl'artt. 806 e ss. c.p.c. Si richiamano sinteticamente le disposizioni che determinano le caratteristiche procedimentali dello stesso.

L'art. 809, comma 1, c.p.c., prevede la possibilità che gli arbitri possano essere più di uno, purché in numero dispari. Il secondo comma dispone che la convenzione d'arbitrato debba contenere la nomina degli arbitri o stabilire il numero degli stessi e il modo in cui vengano nominati. Se manca l'indicazione del numero degli arbitri - prosegue il comma 3 - e le parti non si accordano al riguardo, gli arbitri saranno tre. In mancanza di nomina provvede il presidente del Tribunale (se le parti non hanno diversamente convenuto). Se le parti indicano un numero pari d'arbitri (scelta che potrebbe paralizzare l'operato degli arbitri), un ulteriore arbitro verrà nominato dal giudice.

*_Fabio Amoroso è praticante avvocato del Foro di Cosenza._

"La domanda di arbitrato, contenente l'esposizione dei quesiti e la nomina degli arbitri, e notificata alla controparte, è utile anche per l'interruzione della prescrizione. Dispone inoltre l'art. 2945 c.c. che nel caso di arbitrato la prescrizione non corre dal momento della notificazione dell'atto contenente la domanda di arbitrato sino al momento in cui il lodo che definisce il giudizio non è più impugnabile o passa in giudicato la sentenza resa sull'impugnazione" .

L'art. 816 c.p.c. dispone che la sede dell'arbitrato è scelta dalle parti (ovviamente nel territorio della Repubblica); in mancanza provvedono gli arbitri. Se né le parti né gli arbitri abbiano provveduto in tal senso la sede corrisponderà al luogo di stipula dell'arbitrato. Tuttavia se la convenzione d'arbitrato è stata stipulata al di fuori del territorio della Repubblica la sede è Roma.

Gli arbitri, comunque, possono compiere gli atti relativi al procedimento arbitrale (udienze, atti istruttori, sottoscrizioni al lodo) anche in luoghi diversi dalla sede dell'arbitrato (purché la convenzione d'arbitrato non disponga diversamente, art. 816, comma 2, c.p.c.).

L'art. 816 bis c.p.c. dispone che le parti possono stabilire – nella convenzione d'arbitrato o con atto scritto separato - prima dell'inizio del giudizio arbitrale le norme e la lingua che gli arbitri devono osservare nel procedimento. Ovviamente occorre ricordare che esistono norme incompatibili con l'arbitrato: gli arbitri non hanno poteri coercitivi nei confronti dei terzi ma soltanto nei confronti delle parti della convenzione d'arbitrato. "Pertanto non possono condannare, ad esempio, un teste non comparso (anche se art. 816 ter, comma 3, c.p.c.), far giurare i testi che rifiutino, ordinare l'esibizione di documenti detenuti dai terzi; è esclusa la querela incidentale di falso" .

In mancanza di tali norme, prosegue l'art. 816 bis, comma 1 c.p.c., gli arbitri hanno facoltà di regolare lo svolgimento del giudizio e determinare la lingua dell'arbitrato nel modo che ritengono più opportuno.

In ogni caso gli arbitri devono garantire la salvaguardia del principio del contraddittorio, con la concessione alle parti di ragionevoli ed equivalenti possibilità di difesa.

La violazione del principio del contraddittorio costituisce motivo di nullità del lodo (art. 829 n. 9 c.p.c).

Ancora, il primo comma dell'art. 816 bis c.p.c. prevede che le parti possano stare in arbitrato per mezzo dei difensori.

Il terzo comma dell'art. 816 bis c.p.c. dispone che su tutte le questioni che si presentano nel corso del procedimento agli arbitri, se non ritengono di provvedere con lodo non definitivo, provvedono con ordinanza revocabile non soggetta a deposito.

Con tale disposizione il legislatore prevede la revocabilità dell'ordinanza e inoltre che la stessa "non sia soggetta a deposito". Da ciò discende che la stessa non può acquistare – attraverso il deposito nella cancelleria del Tribunale – efficacia di titolo esecutivo (si differenzia quindi dalle ordinanze anticipatorie di cui agli artt. 186 bis, 186 ter, 186 quater c.p.c.).

In virtù della norma richiamata gli arbitri hanno una duplice scelta: emettere ordinanza o lodo non definitivo.

L'ordinanza viene utilizzata per le decisioni relative allo svolgimento del processo (ad es. fissazione di udienza, l'ammissione di prove).

Il lodo non definitivo viene usato solitamente per le questioni preliminari di rito (ad es. sussistenza della competenza arbitrale) o pregiudiziali di merito (ad es. prescrizione) risolte negativamente. Il lodo de quo non è impugnabile in via autonoma rispetto al lodo definitivo.

Diverso dal lodo non definitivo è il lodo parziale. Questo decide parzialmente il merito della controversia ed è immediatamente impugnabile.

"Il lodo con cui sia disposta la risoluzione del contratto e la condanna generica di una delle parti al risarcimento del danno, con prosecuzione del procedimento arbitrale per la determinazione del "quantum debeatur", costituisce lodo parziale, immediatamente impugnabile ai sensi dell'art. 827, comma 3, c.p.c., come sostituito dall'art. 19 della legge n. 25 del 1994"(Cass., 07.02.07, n. 2715).

Ai sensi dell'art. 816 ter, l'istruttoria o i singoli atti d'istruzione possono essere delegati dagli arbitri ad uno di essi. Ciò significa che il principio di collegialità viene meno solo in virtù di una espressa delega del potere istruttorio da parte del collegio ad uno dei suoi membri.

Ovviamente deve essere garantito in ogni caso il principio del contradditorio.

Infatti, "(...) gli arbitri del giudizio arbitrale possono regolare il procedimento nel modo ritenuto più opportuno purché,(...) sia rispettato il principio del contraddittorio e, perciò, consentito alle parti il dialettico svolgimento delle rispettive deduzioni e controdeduzioni, nonché la collaborazione nell'accertamento dei fatti mediante il reperimento delle prove e la confutazione di quelle avversarie, così da contribuire al convincimento del giudice (in realtà arbitro) non solo nel momento iniziale del processo (in realtà procedimento), ma anche nel corso del procedimento. Tutto ciò premesso, la garanzia dell'effettiva attuazione del principio del contraddittorio non contempla la necessità dell'ammissione di una prova testimoniale, della riconvocazione del consulente tecnico a chiarimenti e della fissazione di una nuova udienza per discutere detti incombenti probatori, in quanto il giudizio preventivo sull'ammissibilità e sulla rilevanza delle prove richieste deve essere ispirato ad esigenze di razionalità e di economia processuale rientranti nella valutazione discrezionale del giudice"(Cass., 21.09.01, n. 11936).

E' ammessa la prova testimoniale nell'ambito del procedimento arbitrale.

Il secondo comma dell'art. 816 ter c.p.c. prevede che la disposizione possa essere raccolta sia direttamente presso gli arbitri, sia presso l'abitazione del testimone ove questi vi consenta.

Gli arbitri possono decidere di assumere la deposizione per iscritto chiedendo al testimone di dare risposta ai quesiti assegnati nel termine che esse stabiliscono (art. 816 ter, comma 2, ultima parte, c.p.c.).

Ciò è utile in prospettiva di snellimento del processo ma deve in ogni caso essere garantito il principio del contradditorio e il diritto di difesa per cui la parte controinteressata deve poter ottenere i chiarimenti e delucidazioni necessari.

Il terzo comma dell'art. 816 ter dispone che, nel caso in cui un testimone si rifiuti di comparire davanti agli arbitri, questi possono chiedere al Presidente del Tribunale della sede dell'arbitrato che ne ordini la comparizione davanti a loro. In tal caso - continua il quarto comma – il termine per la pronuncia del lodo è sospeso dalla data dell'ordinanza di comparizione alla data dell'udienza fissata per l'assunzione del testimone.

Si ritiene che, qualora anche l'ordine presidenziale rimanga inottemperato, sia applicabile l'art. 255, comma 1, c.p.c., per cui il Presidente del Tribunale potrà disporre l'accompagnamento coattivo .

Per quanto riguarda l'ammissibilità di altri mezzi di prova la dottrina prevalente ritiene che sia pienamente ammissibile la confessione anche nel procedimento arbitrale .

Per quel che riguarda il giuramento, la sua ammissibilità nel procedimento è soprattutto affermata in giurisprudenza: "attesa l'applicabilità al processo arbitrale del codice di procedura civile ordinario, in assenza di contrarie volontà espresse dalle parti prima dell'inizio del procedimento arbitrale o dagli arbitri, deve ritenersi ammissibile il giuramento suppletorio"(App. Roma, 06.11.95).

Le prove vengono valutate sulla base dell'art. 116 c.p.c.

Gli arbitri devono dunque, valutare le prove secondo il loro prudente apprezzamento.

Come anzidetto non è ammessa nel procedimento arbitrale la querela di falso perché presuppone la presenza del pubblico ministero.

Gli arbitri hanno inoltre il potere di emanare l'ordine di ispezione, ma un conto è il potere relativo all'ordine, altra questione è l'impossibilità di irrogare pene pecuniarie al soggetto che si rifiuti dinnanzi alla richiesta dei giudici.

Tuttavia (e qui si applica il secondo comma dell'art. 116 c.p.c), gli arbitri possono desumere dal contegno della parte stessa argomenti di prova.

Gli arbitri possono farsi assistere da consulenti tecnici (art. 816 ter comma 5).

L'ultimo comma dell'articolo 816 ter c.p.c. dispone che gli arbitri possano chiedere alla p.a. le informazioni scritte relative ad atti e documenti dell'amministrazione stessa, che è necessario acquisire al giudizio.

L'art. 817 c.p.c, al primo comma, dispone che se nel corso del procedimento arbitrale vengono contestate la validità, il contenuto o l'ampiezza della convenzione d'arbitrato o la regolare costituzione degli arbitri, gli arbitri decidono sulla propria competenza. Gli arbitri decidono sulla propria competenza anche se questa sia stata contestata per qualsiasi ragione sopravvenuta nel corso del procedimento (art. 817, comma 2, c.p.c.).

La parte che intenda eccepire l'incompetenza degli arbitri per l'inesistenza, invalidità o inefficacia della convenzione d'arbitrato, deve farlo nella prima difesa successiva all'accettazione degli arbitri altrimenti non potrà impugnare il lodo per questi motivi. Il terzo comma della norma in esame dispone una preclusione processuale. E' fatta salva tuttavia, la possibilità di contestare, senza alcuna preclusione temporale, l'arbitrabilità della controversia.

Se durante il procedimento alcune delle parti hanno operato conclusioni che eccedono i limiti della convenzione arbitrale, la parte interessata deve eccepirle nel corso dell'arbitrato. In mancanza scatterà la preclusione processuale: la parte interessata non potrà impugnare il lodo per tale motivo. "La preclusione all'impugnazione del lodo si determina esclusivamente nel caso di mancata contestazione della controparte di fronte a specifiche conclusioni eccedenti i limiti del compromesso e non di fronte a semplici argomentazioni difensive che non trasmodano in vere e proprie domande processuali" .

Occorre precisare cosa debba intendersi con l'espressione "nel corso del procedimento". La giurisprudenza ha affermato che "a tal fine (...) l'eccezione di incompetenza proposta in sede di comparsa conclusionale deve ritenersi formulata nei limiti temporali consentiti dall'art. 817 c.p.c., quando le parti siano state poste in grado, con l'assegnazione di termini articolati per lo scambio delle memorie conclusionali e per il deposito di memorie di replica, di controdedurre in ordine alla contestata competenza arbitrale"(Cass., 07.08.1993, n. 8563).

L'art. 818 c.p.c. dispone che gli arbitri non possono né concedere sequestri, né altri provvedimenti cautelari, salva diversa disposizione di legge.

Tuttavia la parte interessata, ai sensi dell'art. 669 quinquies c.p.c., può chiedere il provvedimento cautelare al giudice che sarebbe stato competente a conoscere il merito.

L'art. 819 c.p.c. si occupa delle questioni pregiudiziali di merito.

Al riguardo la norma distingue 2 ipotesi:

1) questioni pregiudiziali che vertono su materie che non possono formare oggetto d'arbitrato;

2) questioni pregiudiziali che vertono su materie che possono formare oggetto d'arbitrato;

Rispetto al primo punto, gli arbitri risolvono senza autorità di giudicato tutte le questioni rilevanti per la decisione della controversia, salvo che si tratti di materie che debbano essere decise con efficacia di giudicato (art. 819, comma 1, c.p.c.). La dottrina ha affermato che sono questioni pregiudiziali che per legge devono essere decise con efficacia di giudicato:

a) le questioni in materia di stato e capacità delle persone;

b) i giudizi di querela di falso e di verificazione della scrittura privata .

In tali casi gli arbitri dovranno sospendere il procedimento arbitrale (art. 819 bis n. 2) e attendere la decisione del giudice ordinario sulla questione pregiudiziale.

Sempre rispetto al primo punto, la seconda parte del secondo comma dell'art. 819 c.p.c. dispone che se la questione pregiudiziale non rientra nell'ambito di operatività della convenzione d'arbitrato:

-"gli arbitri potranno decidere della questione unicamente se entrambe le parti sono d'accordo nel sottoporre la questione alla cognizione degli arbitri sottraendola in tal modo alla competenza del giudice ordinario;e

- in caso di disaccordo fra le parti in ordine alla sottoposizione della questione pregiudiziale alla cognizione degli arbitri, troverà applicazione l' art. 819 bis, comma 1, n. 2, c.p.c., talché gli arbitri dovranno sospendere il procedimento in attesa che la questione venga decisa dal giudice ordinario" .

In merito al secondo punto, gli arbitri risolvono senza autorità di giudicato la questione pregiudiziale, salvo che debba essere decisa con efficacia di giudicato per legge. Gli arbitri potranno decidere le questioni pregiudiziali con efficacia di giudicato se vi è istanza di parte (art. 819 comma 2, prima parte, c.p.c.).

L'art. 819 ter disciplina i rapporti tra arbitri e autorità giudiziaria.

In virtù del primo comma, la competenza degli arbitri non è esclusa dalla pendenza della stessa causa davanti al giudice, né dalla connessione tra la controversia ad essi deferita ed una causa pendente davanti al giudice. "Il sistema congegnato dal legislatore del 2006 tende a garantire l'indipendenza del procedimento arbitrale rispetto al giudizio ordinario. La regola, espressione del favor arbitrati, consente la permanenza della competenza arbitrale anche in ipotesi di connessione della controversia con altra pendente innanzi al giudice ordinario. Si evitano, cosi, gli effetti pregiudizievoli di uso strumentale della connessione ad opera delle parti, cui si offriva un facile espediente per paralizzare il giudizio arbitrale e sottrarsi alla volontà compromissoria espressa in precedenza" .

Laddove il processo si svolga dinnanzi al giudice ordinario, l'eccezione d'incompetenza del giudice in ragione della convenzione d'arbitrato deve essere proposta, a pena di decadenza, nella comparsa di risposta. La mancata proposizione dell'eccezione esclude la competenza arbitrale limitatamente alla controversia decisa in quel giudizio.

Laddove il procedimento avvenga dinnanzi gli arbitri, non possono essere proposte domande giudiziali aventi ad oggetto l'invalidità o inefficacia della convenzione d'arbitrato.

Il procedimento si conclude con la pronuncia del lodo.

L'art. 820 c.p.c., dispone che le parti possono, nella convenzione d'arbitrato o con accordo anteriore anteriore all'accettazione degli arbitri, fissare un termine per la pronuncia. In mancanza, gli arbitri debbono pronunciare il lodo entro 240 giorni dall'accettazione della nomina (art. 820, comma 2, c.p.c.).

Il terzo comma e quarto comma della norma in questione prevedono la proroga del termine:

- da parte degli arbitri (su istanza delle parti);

- da parte del Presidente del Tribunale (su istanza di una delle parti o degli arbitri);

- di diritto.

Per quanto riguarda l'art. 824 bis c.p.c. si rinvia al paragrafo precedente.

Infine l'art. 825 c.p.c. dispone che qualora la parte voglia far eseguire il lodo nel territorio della Repubblica, deve proporre istanza depositando il lodo (in originale o copia conforme), unitamente all'atto contenente la convenzione d'arbitrato (in originale o in copia conforme), presso la cancelleria del tribunale nel cui circondario ha sede l'arbitrato.

Al momento del deposito il cancelliere redige un verbale, sottoscritto dal pubblico ufficiale e dal depositante, e appone un timbro di depositato sulla copia presentata dalla parte.

Il tribunale, dopo aver accertato la regolarità formale del lodo, lo dichiara esecutivo con decreto.

Per regolarità formale del lodo s'intende:

- sussistenza dei requisiti di cui all'art. 823;

- esistenza dell'incarico dato dalle parti;

- materia arbitrabile;

- natura rituale del lodo.

E' escluso da tale controllo l'esame delle modalità con cui si è formata la decisione arbitrale.

Il decreto con cui il tribunale concede o nega l'esecutività del lodo è comunicato alle parti mediante biglietto di cancelleria (art. 825, comma 2, c.p.c.).

Contro il decreto che decide sull'istanza di esecutorietà del lodo è ammesso reclamo mediante ricorso alla corte d'appello, entro 30 giorni dalla comunicazione dello stesso (decreto). La corte sentite le parti, provvede - in camera di consiglio – con ordinanza.

"Una volta reso esecutivo, il lodo arbitrale costituisce titolo per la trascrizione, annotazione, ed iscrizione nei pubblici registri al pari di una sentenza dell'autorità giudiziaria (art. 825, comma 1, c.p.c.). Ai sensi dell'art. 2189 c.c., il lodo (di condanna) reso esecutivo costituisce titolo per l'iscrizione dell'ipoteca giudiziale" .

- Con l'arbitrato irrituale o libero, le parti conferiscono agli arbitri il compito di comporre una lite mediante un atto negoziale. "Massima espressione di tale istituto è il biancosegno, foglio firmato in bianco dalle parti e consegnato in fiducia all'arbitro perché lo riempia (in modo da far comparire che la sistemazione del rapporto è stata direttamente voluta e stilata dalle parti)" .

L'arbitrato irrituale trova per la prima volta riconoscimento con la sentenza 27 Dicembre 1904. Tale sentenza afferma la validità dell'istituto e negli anni successivi si sarebbe rivelato sempre più utile ai traffici commerciali. Permetteva di superare controversie a prescindere dall'osservanza di rigorose forme processuali. Inoltre le ragioni di tale diffusione risiedevano principalmente nel fatto che i codici del 1865 e poi, del 1942 prevedevano che gli arbitri (in ossequio ad un politica accentratrice dello stato), dovessero depositare –per la trasformazione in sentenza - il lodo entro un breve termine presso la pretura del luogo sede dell'arbitrato. Naturale che le parti, per ragioni fiscali e di riservatezza, preferissero fare ricorso all'arbitrato irrituale .

L'arbitrato irrituale è regolato dall'art. 808 ter c.p.c.

Ci si chiede se tale istituto costituisca un contratto o un giudizio.

Il testo che disciplina l'arbitrato de quo non sembra essere chiaro: "le parti possono, con disposizione espressa per iscritto, stabilire che, in deroga a quanto disposto dall'art. 824 bis, la controversia sia definita dagli arbitri mediante determinazione contrattuale. Altrimenti si applicano le disposizioni del presente titolo"(art. 808 ter, comma 1).

Nel primo comma viene utilizzata la definizione "determinazione contrattuale". Ciò lascia presagire una conclusione indirizzata verso la natura contrattuale dell'arbitrato irrituale.

Il secondo comma però prosegue: "Il lodo contrattuale è annullabile dal giudice competente secondo le disposizioni del libro I: (…)".

Tale norma prevede una serie di motivi di annullabilità in parte mutuati da quelli che il codice di rito riserva al lodo rituale (art. 829 c.p.c.). Da ciò si presume l'esistenza di un lodo-giudizio (impostazione opposta a quella dettata dal primo comma).

In realtà bisogna inquadrare il lodo irrituale come un contratto-giudizio disciplinato dall'articolo 806 ter. Significa che le parti possano attribuire agli arbitri il potere di risolvere la controversia con un contratto. Tuttavia, tale contratto sarà impugnabile non in virtù della disciplina sui vizi del contratto sancita dal codice civile, bensì per i motivi processuali stabiliti tassativamente dal secondo comma della norma.

Dunque, la riforma del 2006 ha attenuato le differenze tra arbitrato rituale e irrituale, poiché ha attribuito al lodo contrattuale viziato alcuni dei rimedi previsti per il lodo rituale. Tuttavia, solo il lodo rituale può avere efficacia esecutiva (in quanto è l'unico ad avere – dalla data dell'ultima sottoscrizione- efficacia di sentenza).

Rispetto alla questione delle norme applicabili a tale istituto, l'art. 808 ter esclude l'obbligatorietà di quelle previste per l'arbitrato rituale (art. 806 e ss.). Infatti, la norma dispone che le parti possono stabilire che la controversia venga risolta mediante determinazione contrattuale altrimenti – prosegue la norma – si applicano le disposizioni sull'arbitrato rituale.

Il lodo irrituale è annullabile dal giudice per tali motivi:

1) se la convenzione d'arbitrato è invalida, o gli arbitri hanno pronunciato su conclusioni che esorbitano dai suoi limiti e la relativa eccezione è stata sollevata nel procedimento arbitrale;

2) se gli arbitri non sono stati nominati con le forme e nei modi stabiliti dalle parti,

3) se il lodo è stato pronunciato da chi non poteva essere nominato arbitro;

4) se gli arbitri non hanno rispettato le regole imposte dalle parti come requisiti di validità del lodo;

5) se non è stato rispettato il principio del contraddittorio.

Accanto all'azione di annullabilità è possibile esperire l'azione di nullità e l'azione di inefficacia.

Le regole del procedimento dell'arbitrato de quo sono lasciate alla libera determinazione delle parti (ovviamente nel rispetto del contraddittorio).

- L'art. 822 c.p.c. dispone che gli arbitri decidano secondo le norme di diritto (arbitrato di diritto); tuttavia, le parti possono derogare a tale regola prevedendo che gli arbitri decidano secondo equità ossia sulla base di norme non giuridiche, ma tratte dalla morale, dalla coscienza sociale e dalle concezioni economiche (arbitrato di equità).

"Nel caso in cui pur essendo autorizzati a giudicare secondo equità, gli arbitri decidono secondo diritto, si ha un lodo nullo per violazione dell'art. 829, comma 1, n. 4, in quanto esorbitante i limiti di potere loro conferiti. (...)L'autorizzazione agli arbitri a pronunciare secondo equità, in particolare, comporta una preclusione dell'impugnazione per nullità del lodo per violazione delle regole di diritto sostanziale, o in generale, per errores in iudicando" .

- L'arbitrato ad hoc "si ha quando lo stesso viene instaurato e si svolge secondo i criteri indicati dalle parti nella convenzione arbitrale e le regole stabilite dagli arbitri, entro i limiti di legge" .

- Con l'arbitrato amministrato le parti si avvalgono di apposite strutture che predispongono regolamenti per la risoluzione seriale delle controversie. Si tratta delle Camere di Commercio, Camere arbitrali, nonché le varie associazioni di categoria. Tali organismi oltre a predisporre le regole che verranno applicate per la procedura d'arbitrato, offrono strutture segretariali, mettono a disposizione locali, predispongono le liste di potenziali arbitri che le parti possono scegliere.

Tale categoria d'arbitrati è regolata dall'art. 832 c.p.c.

- l'arbitrato estero secondo lex fori italiana, è quell'arbitrato che ha sede in un paese straniero ed è disciplinato dalle norme di tale paese.

- l'arbitrato internazionale indica i procedimenti arbitrali che presentano contatti con più di un ordinamento (quali la cittadinanza, residenza, domicilio delle parti, sede ecc.).

- Accanto a quelli finora descritti bisogna ricordare gli arbitrati speciali ossia quelli che hanno ad oggetto particolari materie e sono disciplinati da norme specifiche. Tra questi rientrano l'arbitrato societario, l'arbitrato bancario e finanziario, l'arbitrato nelle materie di giurisdizione amministrativa ecc.).

Differenze tra arbitrato, arbitraggio e perizia contrattuale nell'ordinamento giuridico italiano

a cura di Fabio Amoroso*

Prima di analizzare le differenze tra arbitrato, arbitraggio e perizia contrattuale è necessario richiamare brevemente l'istituto dell'arbitrato, chiave di volta per la comprensione delle dissomiglianze di cui sopra.

L'arbitrato "costituisce uno strumento privato di risoluzione delle controversie, alternativo rispetto alla giurisdizione ordinaria. Infatti, la legge prevede che le parti possano rivolgersi ad arbitri, ossia a cittadini privati anziché agli organi giurisdizionali, ogniqualvolta esse ritengano di poter ottenere la soluzione di una controversia da persone dotate di particolari cognizioni tecniche" .

L'arbitrato è un istituto caratterizzato da vocazione sopranazionale. Mentre la giustizia nazionale ha il limite di essere localizzata in uno Stato, la giustizia degli arbitri può essere localizzata dove si vuole.

Per tale ragione gli operatori economici, che operano al livello sopranazionale, prediligono rivolgersi agli arbitri per risolvere le loro controversie .

Dunque, nell'ambito degli scambi internazionali (e quindi nell'ambito delle controversie che essi generano), ruolo da protagonista ha assunto l'arbitrato tanto da sollecitare un intervento del legislatore volto ad adeguare la normativa esistente alle necessità di tali operazioni.

Questa è la ragione per la quale la disciplina è stata cambiata per due volte: dapprima, con la legge 9 febbraio 1983, n. 28 e, poi, con la legge 5 gennaio 1994, n. 25.

Rispetto ai rapporti di tale istituto con la Costituzione ci si chiede se lo stesso contrasti con principi costituzionali quali quelli sanciti dagli artt. 24, 25, 102 Cost.

**Fabio Amoroso è praticante avvocato del Foro di Cosenza.*

Sulla questione si è pronunciata la Corte Costituzionale affermando che "è infondato che l'istituto arbitrale intacchi il principio per cui l'esercizio della funzione giurisdizionale è riservato a magistrati ordinari istituiti e regolati dalle norme sull'ordinamento giudiziario (art. 102 della Costituzione), o deroghi alla norma che vieta di distogliere dal giudice naturale precostituito per legge (art. 25 della Costituzione). L'art. 102 predetto significa bensì che la legge può affidare solo a magistrati l'esercizio della funzione giurisdizionale, (...); ma non vuol dire altresì che sia vietato ad ogni soggetto giuridico di svolgere la propria autonomia per la soluzione delle controversie di suo interesse e di ricorrere ad un mezzo, come quello dell'arbitrato, che è legittimato da un regolamento convenzionale del diritto di azione, valido nel limite in cui su questo diritto la volontà singola opera efficacemente"(Corte Cost., 12.02.1963, n. 2).

Ancora, la Corte afferma che "se la Costituzione garantisce ad ogni soggetto il diritto di agire in giudizio per la tutela dei propri diritti ed interessi legittimi, ne deriva che, fuori delle ipotesi previste dall'art. 103 Cost., tale diritto deve potersi esercitare dinanzi agli organi giudiziari ordinari. Ciò non toglie che, rispetto ad una o anche a più controversie determinate o determinabili, i soggetti possono esercitare un potere di disposizione che è strettamente collegato al potere di azione (...) convenendo con una controparte di deferire una o più questioni al giudizio di un arbitro o di un collegio arbitrale.

In altre parole, a seguito del congiunto disposto degli articoli 24, primo comma, Cost. (diritto di azione in giudizio e correlativo esercizio, costituzionalmente garantiti) e 102, primo comma, Cost. (riserva della funzione giurisdizionale ai giudici ordinari, salve le eccezioni di cui all'articolo seguente), il fondamento di qualsiasi arbitrato è da rinvenirsi nella libera scelta delle parti: perché solo la scelta dei soggetti (intesa come uno dei possibili modi di disporre, anche in senso negativo, del diritto di cui all'art. 24, primo comma, Cost.) può derogare al precetto contenuto nell'art. 102, primo comma, Cost. Ciò corrisponde al criterio di interpretazione sistematica del testo costituzionale (nel quale la portata di una norma può essere circoscritta soltanto da altre norme dello stesso testo o da altre ancora ad esse parificate); e corrisponde anche alla garanzia costituzionale dell'autonomia dei soggetti, autonomia, che, mentre ad altro proposito è tutelata dagli artt. 41-44

Cost., nella materia che ne occupa e per le situazioni di vantaggio compromettibili è appunto garantita dall'art. 24, primo comma, della Costituzione" (Corte Cost., 14.07.1977, n.127).

Molto dibattuto in dottrina e in giurisprudenza è stato il tema della natura giuridica dell'arbitrato: ciò perché l'istituto rivela un duplice volto in quanto trae origine da una convenzione delle parti (c.d. convenzione d'arbitrato) ma si conclude con un provvedimento (il lodo) che è equiparabile alla sentenza.

Al riguardo si sono affermate due teorie:

-" teoria privatistica: l'arbitrato disciplinato dagli artt. 806 ss. c.p.c. è un processo che si svolge e produce i suoi effetti sul piano esclusivamente negoziale.;

- teoria processualistica: l'arbitrato è un processo diretto a produrre una decisione munita di effetti simili a quelli della sentenza, fin dalla sottoscrizione del lodo (ad eccezione di quelli esecutivi e dell'idoneità alla trascrizione ed iscrizione di ipoteca, per i quali sarebbe invece necessario il deposito e il conseguente decreto del giudice dello Stato)". La giurisprudenza in un primo momento ha aderito alla teoria processualistica affermando che con "l'arbitrato (rituale) si demanda agli arbitri l'esercizio di un potere decisorio alternativo e sostitutivo rispetto a quello del giudice ordinario, destinato ad avere sbocco in una pronuncia alla quale l'ordinamento attribuisce efficacia corrispondente a quella della sentenza del giudice istituzionale"(Cass., 01.02.1999, n. 833).

Successivamente ha optato per la natura privata dell'arbitrato:

"(…) nell'arbitrato (rituale), la pronunzia arbitrale ha natura di atto di autonomia privata e correlativamente il compromesso si configura quale deroga alla giurisdizione"(Cass., SS.UU., 03.08.2000, n.527).

In altre sentenze la Suprema Corte ha confermato tale indirizzo (Cass., 02.07.2007, n. 14972; Cass., 12.10.09, n. 21585; Cass., 5.5.2011, n.9839).

Inoltre le SS.UU. hanno affermato che "ulteriore conseguenza, che va tratta dal riconoscimento della natura privata dell'arbitrato e del compito che in esso svolge l'arbitro, è la impossibilità di riconoscere a questi il potere, spettante a giudici dello Stato, di sottoporre alla Corte costituzionale la pregiudiziale di costituzionalità ed alla Corte di giustizia dell'Unione Europea la pregiudiziale comunitaria (ex art. 177 del Trattato C.E.E.)"(Cass., SS.UU., 03.08.2000, n.527).

Tale conseguenza in realtà appare contraddetta dal giudice delle leggi:

"gli arbitri rituali sono legittimati a sollevare questioni di legittimità costituzionale, in quanto il giudizio arbitrale - previsto e disciplinato dal codice di procedura civile per l'applicazione obiettiva del diritto nel caso concreto, ai fini della risoluzione di una controversia, con le garanzie di contraddittorio e di imparzialità tipiche della giurisdizione civile ordinaria - non si differenzia da quello che si svolge davanti agli organi statali della giurisdizione, sia per quanto riguarda la natura giuridica del procedimento sia per quanto riguarda la ricerca e l'interpretazione delle norme applicabili"(Corte. Cost., 28.11.2001, n. 376).

Bisogna sottolineare che l'art. 824 bis c.p.c., introdotto con la riforma del 2006 (D. Lgs. 2 febbraio 2006, n.40),in linea con la teoria processualistica, equipara, sul piano degli effetti, il lodo arbitrale rituale alla sentenza pronunciata dall'autorità giudiziaria, salvi gli effetti esecutivi e relativi alla trascrizione e all'iscrizione ipotecaria di cui all'art. 825 c.p.c.

L'equiparazione tra lodo e sentenza pronunciata dall'autorità giudiziaria comporta che dal momento dell'ultima sottoscrizione, scattano i termini per l'impugnabilità, scaduti i quali, si creano preclusioni assimilabili a quelle di cui all'art. 324 c.p.c. (c.d. cosa giudicata formale).

Inoltre, dalla data dell'ultima sottoscrizione il lodo fa stato tra le parti ex art. 2909 c.c. (c.d. giudicato sostanziale).

Un breve excursus storico appare d'obbligo.

"Nel sistema originario del codice, il decreto del pretore era necessario per l'esistenza stessa del lodo.

Con la riforma del 1983 si era attribuita al decreto la funzione di conferire al lodo efficacia di sentenza.

Infine, la L. 5.1.1994, n. 25 aveva reso facoltativo il deposito senza, però, riuscire a sopire il dibattito sulla natura e sugli effetti del lodo non depositato.

Infatti, anche di recente alcuni hanno continuato a ritenere che il lodo resti un atto di autonomia negoziale e che il decreto del giudice vada inquadrato tra gli accertamenti con funzione esecutiva; altri invece hanno sostenuto che l'immediata impugnabilità del lodo (indipendentemente dal deposito) e la sua incontestabilità, una volta decorso il termine per l'impugnazione, valgono a conferire al lodo non depositato la natura e l'efficacia di un provvedimento giurisdizionale.

Il legislatore del 2006 opera una scelta salomonica in favore della natura giurisdizionale del lodo non omologato, cui vengono riconosciuti gli effetti della sentenza pronunciata dall'autorità giudiziaria statale a partire dal momento dell'ultima sottoscrizione ad opera degli arbitri" .

Sicuramente "il ricorso all'arbitrato è, negli ordinamenti democratici, la necessaria e non sopprimibile conseguenza del riconoscimento dell'autonomia privata. Ciò è di solito inteso nel senso che i soggetti possono farvi ricorso nei limiti in cui possono disporre, tramite atti dell'autonomia privata, dei diritti controversi" .

Infatti l'art 806 c.p.c. dispone che "le parti possono far decidere da arbitri le controversie tra loro insorte che non abbiano per oggetto diritti indisponibili, salvo espresso divieto di legge". Inoltre, aggiunge l'articolo, al secondo comma, che le controversie di cui all'art. 409 c.p.c. ("controversie individuali di lavoro") sono arbitrabili "solo se previsto dalla legge o nei contratti o accordi collettivi di lavoro".

La norma prevede quindi che una controversia sia generalmente assoggettabile ad arbitrato quando ha ad oggetto un diritto disponibile. Anche in questo caso tuttavia la legge può vietare l'arbitrato.

Le controversie di cui all'art. 409 c.p.c. vengono invece assoggettate ad arbitrato solo se previsto dalla legge o da autorizzazione collettiva.

Bisogna sottolineare che l'area dell'indisponibilità si riduce a quelle situazioni in cui l'interesse generale è ritenuto cosi forte, da prescrivere già sul piano sostanziale che il potere del singolo non spetti solo al titolare ma anche ad altri soggetti.

Ma cosa s'intende per diritto indisponibile?

Sicuramente, per risolvere tale quaestio è preferibile l'impostazione di chi procede in negativo. A tal proposito si afferma che:

non è indisponibile il diritto disciplinato da norme inderogabili per cui sono arbitrabili ad esempio, le controversie in materia antitrust (materia regolata da norme inderogabili);

non sono indisponibili le conseguenze risarcitorie della lesione di un diritto indisponibile .

Procedendo invece in positivo, la nozione comune di disponibilità di un diritto, intesa come possibilità dello stesso di essere alienato o rinunciato, se è valida nel campo del diritto sostanziale per distinguere i diritti disponibili da quelli indisponibili, in realtà, essa mal si attaglia, nel diritto processuale, ad essere d'ausilio per distinguere le controversie che possono essere sottratte al giudice ordinario da quelle che invece devono essergli riservate.

L'attenzione dev'essere dunque spostata sull'azione anziché sul diritto; occorre concentrarsi non tanto sulla negoziabilità del diritto la cui lesione è oggetto di azione, quanto piuttosto sulle caratteristiche delle azioni poste a tutela del diritto.

Si pensi ai diritti di uso e di abitazione, caratterizzati dal divieto di cessione di cui all'art. 1024 c.c., le cui controversie sono però arbitrabili ai sensi dell'art. 808 bis c.p.c.

L'arbitrato trova fondamento nell'autonomia privata; più precisamente fonte dell'arbitrato è la convenzione d'arbitrato (o patto compromissorio).

Consiste in un accordo negoziale con il quale le parti rimettono agl'arbitri una o più controversie, precludendosi la possibilità di ricorrere all'autorità giudiziaria (se non in sede d'impugnazione).

La convenzione d'arbitrato può assumere due forme:

1) compromesso (art. 807 c.p.c.);

2) clausola compromissoria (808 c.p.c.);

La prima costituisce un accordo fra le parti volto a far decidere da arbitri la controversia già insorta. Il compromesso dev'essere a pena di nullità, fatto per iscritto e determinare l'oggetto della controversia. Inoltre, il comma 2 dell'art. 807 c.p.c., dispone che la forma scritta s'intende rispettata anche quando la volontà delle parti è espressa per telegrafo, telescrivente, telefacsimile o messaggio telematico nel rispetto della normativa anche regolamentare, concernente la trasmissione e la ricezione di documenti teletrasmessi.

La seconda è contenuta nel contratto o in atto separato in cui le parti stabiliscono che le controversie (future) nascenti dal contratto stesso siano decise da arbitri, purché si tratti di controversie che possono formare oggetto di convenzione d'arbitrato. La clausola compromissoria deve risultare da atto avente la forma richiesta per il compromesso.

Inoltre, l'art. 808, comma 2 c.p.c., dispone che la "validità della clausola compromissoria debba essere valutata in modo autonomo rispetto al contratto al quale si riferisce".

Dopo aver illustrato brevemente i tratti essenziali dell'arbitrato occorre analizzare 2 istituti a questo simili ma differenti: l'arbitraggio e la perizia contrattuale.

"L'arbitraggio detto anche arbitramento, ricorre allorché le parti, nel procedere alla formazione di un negozio, lasciano indeterminato uno degli elementi necessari per il suo perfezionamento, affidando ad un terzo (arbitratore) il mandato a determinarlo" .

L'istituto dell'arbitraggio è regolato dall'art. 1349 c.c.

In tale norma si distinguono 2 ipotesi:

1)il terzo deve procedere con equo apprezzamento;

2)il terzo opera con mero arbitrio.

Nel primo caso le parti possono rivolgersi al giudice se la determinazione dell'arbitratore è manifestamente iniqua o erronea, ovvero se il terzo non provvede alla determinazione affidatagli. La determinazione in tal caso è effettuata dal giudice.

Nel secondo caso la determinazione può essere impugnata solo se si riesca a provare la sua malafede. Inoltre, allorché l'arbitratore non provveda alla determinazione e le parti non provvedono alla sua sostituzione il contratto è nullo.

Quanto appena detto permette d'individuare le differenze tra l'arbitrato e l'arbitraggio (entrambi trovano fondamento in un accordo tra le parti ma):

1) l'arbitrato può essere previsto per controversie che non abbiano ad oggetto diritti indisponibili e anche laddove si tratti di diritti disponibili può essere vietato dalla legge. Nessuna condizione invece è prevista per l'utilizzo dell'arbitraggio;

2) l'arbitrato s'instaura in una fase patologica del rapporto mentre l'arbitraggio s'inserisce nella fase iniziale dello stesso;

3) l'arbitrato è volto a comporre una lite mentre l'arbitraggio invece, integra i contenuti dell'accordo;

4) presupposto dell'arbitrato è una controversia, invece presupposto dell'arbitraggio è la volontà delle parti di demandare ad un terzo il perfezionamento dell'accordo.

Infatti, afferma la giurisprudenza: "la diversità di funzione tra gli istituti dell'arbitrato e dell'arbitraggio – composizione di una lite quanto al primo, integrazione del contenuto negoziale quanto al secondo – comporta che presupposto fondamentale dell'arbitrato è l'esistenza di un rapporto controverso, che, invece, difetta del tutto nell'arbitraggio, con la conseguenza che quest'ultimo, pur trovando applicazione in numerosi contratti tipici, non è configurabile nella transazione, della quale è presupposto essenziale una controversia attuale o futura"(Cass., 19.04.2002, n. 5707).

L'arbitraggio è figura assimilabile ad un mandato collettivo per cui "il negozio costituente la fonte dei poteri del terzo può essere revocato anche ad opera di una sola parte qualora ricorra una giusta causa, trovando applicazione l'art. 1726 c.c."(Cass., 26.03.2002, n. 4283).

La perizia contrattuale "è il mezzo con il quale le parti concordemente attribuiscono ad un terzo il compito di svolgere una determinata attività tecnica (accertamento di fatto che richieda particolari cognizioni tecniche; determinazione di un elemento contrattuale in base a specifica competenza tecnica), impegnandosi ad accettarne la soluzione come (diretta espressione della propria volontà negoziale) reciprocamente vincolante. Al terzo, la cui attività non è libera ma totalmente vincolata al rispetto delle comuni norme tecniche che è chiamato ad applicare, non si richiede né un parere né una decisione, ma una semplice informazione, che le parti s'impegnano fra loro ad accettare, regolando in base ad essa i loro rapporti" .

La perizia contrattuale si distingue dall'arbitraggio perché "l'arbitro-perito non deve ispirarsi alla ricerca di un equilibrio economico secondo un criterio di equità mercantile (cosa a cui è tenuto invece l'arbitratore), ma deve attenersi a norme tecniche ed ai criteri tecnico-scientifici propri della scienza, arte, tecnica o disciplina nel cui ambito si iscrive la valutazione che è stato incaricato di compiere" (Cass., 30.06.2005, n. 13954).

Da ciò consegue che "nel caso di perizia contrattuale va esclusa l'esperibilità della tutela tipica prevista dall'art. 1349 c.c. per manifesta erroneità o iniquità della determinazione del terzo, trattandosi di rimedio circoscritto all'arbitraggio , in quanto presuppone l'esercizio di una valutazione discrezionale e di un apprezzamento secondo criteri di equità mercantile, inconciliabili con l'attività strettamente tecnica dell'arbitro-perito"(Cass., 30.06.2005, n. 13954).

La perizia contrattuale si differenzia dall'arbitrato (rituale e irrituale) perché il perito non decide sulla base di norme giuridiche, bensì tecniche.

Se le parti prevedono la perizia contrattuale, in tal caso, "è insita la temporanea rinunzia alla tutela giurisdizionale dei diritti nascenti dal rapporto contrattuale, nel senso che, prima e durante il corso della procedura contrattualmente prevista, le parti stesse non possono proporre davanti al giudice le azioni derivanti dal suddetto rapporto"(Cass., 22.05.2007, n. 11876).

Ciò permette di cogliere un'ulteriore differenza tra perizia e arbitrato: questo costituisce, nell'ambito della controversia insorta (o che potrebbe insorgere in futuro), una deroga alla giurisdizione ordinaria mentre la perizia determina l'impossibilità solo temporanea di adire il giudice ordinario (prima di esperire l'azione bisogna attendere che il perito dia esecuzione all'incarico affidatogli).

PARTE SECONDA

L'ARBITRATO BANCARIO FINANZIARIO

1. CARATTERISTICHE GENERALI DELL'ARBITRO BANCARIO FINANZIARIO

a cura di Marina Colella**

L'Arbitro Bancario Finanziario è un sistema di risoluzione delle controversie tra i clienti e le banche e gli altri intermediari finanziari che garantisce tempi rapidi e costi ridotti.

L'ABF è istituito ai sensi dell'articolo 128-bis del Testo Unico Bancario (TUB), introdotto dalla legge 262/2005 (Legge sul Risparmio). Secondo questa norma, le banche e gli altri intermediari finanziari sono obbligati ad aderire a sistemi di risoluzione stragiudiziale delle controversie con la propria clientela. Le controversie sono rimesse alla cognizione di un organo decidente. La Banca d'Italia può stabilire che l'organo decidente sia articolato in più collegi su base territoriale e la cui attività di Segreteria Tecnica è svolta dalla Banca d'Italia. Possono essere sottoposte alla cognizione dell'organo decidente le controversie che vertono sull'accertamento di diritti, obblighi, facoltà, purché l'eventuale somma oggetto di contestazione tra le parti non sia superiore a 100.000 euro. Sono esclusi dalla cognizione dell'organo decidente i danni che non siano conseguenza immediata e diretta dell'inadempimento o della violazione dell'intermediario, nonché le questioni relative a beni materiali o a servizi diversi da quelli bancari e finanziari oggetto del contratto tra il cliente e l'intermediario ovvero di contratti ad esso collegati.

Al riguardo dottrina e la giurisprudenza, ricorrendo alla teoria della regolarità causale, sono pervenute ad una interpretazione non letterale dell'art. 1223 c.c. Hanno cioè ritenuto risarcibili anche le conseguenze mediate e indirette dell'illecito, quando effetti naturali del fatto (id quod plerumque accidit).

***Marina Colella è avvocato del Foro di Roma.*

Non può quindi escludersi che i Collegi giudicanti dell'ABF possano conoscere anche del risarcimento dei danni che siano conseguenza mediata e indiretta "dell'inadempimento o della violazione dell'intermediario" se, "in base alla comune esperienza, era oggettivamente prevedibile derivassero dall'azione". (Cfr. GAZZONI, Manuale di diritto privato, Napoli, 2007, 710, e TRABUCCHI, Istituzioni di diritto civile, a cura di G. TRABUCCHI, Padova, 2009, secondo cui la dottrina ormai è concorde nell'adottare il criterio della casualità adeguata per l'interpretazione dell'art. 1223 c.c., considerando "conseguenze collegate da un nesso di casualità rilevante quelle che, in base alla comune esperienza, era oggettivamente prevedibile derivassero dall'azione").

Non possono essere proposti ricorsi inerenti a controversie già sottoposte all'autorità giudiziaria, rimesse a decisione arbitrale ovvero per le quali sia pendente un tentativo di conciliazione ai sensi di norme di legge. Gli intermediari sono tenuti a fornire alla clientela adeguata informativa in merito alle procedure di ricorso e il diritto di ricorrere non può formare oggetto di rinuncia da parte del cliente.

In base alla normativa sull'ABF, ove ritenga che l'intermediario ha avuto un comportamento scorretto o poco trasparente, il cliente dovrà rivolgersi preliminarmente all'Ufficio Reclami istituito presso l'intermediario stesso, che è tenuto a rispondere entro 30 giorni.

Se la risposta dell'intermediario non lo ha soddisfatto, il cliente può presentare ricorso all'Arbitro Bancario Finanziario, che deciderà sulla questione.

Le sue decisioni non sono vincolanti come quelle del giudice, ma gli intermediari di solito le rispettano, anche perché la loro inadempienza è resa pubblica.

Il Comitato Interministeriale per il Credito e il Risparmio (CICR) con Delibera del 29 luglio 2008 ha stabilito i criteri per svolgere le procedure di risoluzione delle controversie e ha affidato alla Banca d'Italia l'organizzazione e il funzionamento dei sistemi.

La Banca d'Italia ha adottato le disposizioni di attuazione della Delibera del CICR.

L'articolo 27-bis, comma 1-quinquies, del decreto legge 24 gennaio 2012, n. 1, convertito con modificazioni dalla legge 24 marzo 2012, n. 27, come modificato dal decreto legge 24 marzo 2012, n. 29, convertito con modificazioni dalla legge 18 maggio 2012, n. 62, introduce la possibilità per i Prefetti di segnalare all'Arbitro Bancario Finanziario (ABF), relativamente a operazioni di finanziamento che implichino valutazioni del merito creditizio del cliente, comportamenti della banca ritenuti illegittimi o illeciti.

In relazione a questa innovazione legislativa, con provvedimento del 13 novembre 2012 è stata introdotta una nuova Sezione VI-bis nelle disposizioni della Banca d'Italia sui sistemi di risoluzione stragiudiziale delle controversie in materia di operazioni e servizi bancari e finanziari.

Tutti i termini procedurali sono sospesi dal 01 al 31 agosto e dal 23 dicembre al 06 gennaio.

2. IL REGOLAMENTO DI PROCEDURA DELL'ARBITRO BANCARIO FINANZIARIO

a cura di Marina Colella**,, Massimo Izzo***,

Alessandro Amoroso****, Mario Tocci*****

A) Le definizioni

Le fonti forniscono le definizioni per delimitare l'ambito di applicazione della normativa di riferimento stabilendo che per:

- "cliente", debba intendersi il soggetto che ha o ha avuto con un intermediario un rapporto contrattuale avente ad oggetto la prestazione di servizi bancari e finanziari. Per le operazioni di factoring, si considera cliente il cedente, nonché il debitore ceduto con cui il cessionario abbia convenuto la concessione di una dilazione di pagamento. Non rientrano nella definizione di cliente i soggetti che svolgono in via professionale l'attività di intermediazione nei settori bancario, finanziario, assicurativo e previdenziale;

- "controversia", si intenda una contestazione relativa a operazioni e servizi bancari e finanziari, con l'esclusione di quelli non assoggettati al titolo VI del TUB ai sensi dell'articolo 23, comma 4, decreto legislativo 24 febbraio 1998, n. 58, recante "Testo unico delle disposizioni in materia di intermediazione finanziaria" (TUF);

***Marina Colella - avvocato del Foro di Roma - ha curato i paragrafi 2A, 2C, 2E, 2F, 2G, 2I.*

****Massimo Izzo - avvocato del Foro di Roma - ha curato i paragrafi 2B e 2D.*

*****Alessandro Amoroso - avvocato del Foro di Cosenza - ha curato il paragrafo 2M.*

******Mario Tocci - avvocato del Foro di Cosenza e docente di diritto sportivo nella Libera Università delle Scienze Umane e Tecnologiche di Lugano nonché curatore generale dell'opera - ha redatto il paragrafo 2J.*

- "intermediari" si intendano le banche, gli intermediari finanziari iscritti nell'elenco di cui all'art. 106 del TUB che operano nei confronti del pubblico, i Confidi, gli istituti di moneta elettronica, Poste Italiane S.p.A. in relazione all'attività di bancoposta, le banche e gli intermediari esteri che svolgono in Italia nei confronti del pubblico operazioni e servizi disciplinati dal titolo VI del TUB;

- "sistema di risoluzione stragiudiziale delle controversie", si intenda l'insieme formato dall'organo decidente, composto in funzione degli interessi degli intermediari e dei clienti coinvolti nella controversia, dal procedimento e dalle relative strutture organizzative regolati dalla delibera.

B) L'adesione alla rete Fin.Net

L'Arbitro Bancario Finanziario aderisce alla rete Fin.Net.

Tale rete – promossa dalla Commissione europea a partire dal 2001, in attuazione della propria Raccomandazione del 30 marzo 1998 riguardante i principi applicabili agli organi responsabili per la risoluzione extragiudiziale delle controversie in materia di consumo e volta a favorire lo sviluppo e la cooperazione dei sistemi di alternative dispute resolution (ADR) nell'ambito dello spazio economico europeo – è composta da organismi di risoluzione stragiudiziale delle controversie operanti nei settori bancario, finanziario e assicurativo insediati nei diversi Stati membri.

Essa permette al consumatore di rivolgersi al proprio sistema nazionale di ADR, il quale, avvalendosi del supporto informativo fornito dalla rete stessa, lo mette in collegamento - se esistente - con il sistema equivalente nel Paese in cui opera l'intermediario.

In virtù dell'adesione alla rete Fin.Net, il cliente italiano che intenda presentare un ricorso stragiudiziale nei confronti di un intermediario estero il quale non aderisca ABF, può contattare la Segreteria Tecnica, che verifica se l'intermediario estero aderisca a un sistema stragiudiziale facente parte della rete Fin.Net e, in caso positivo, fornisce al cliente ogni informazione utile sul funzionamento della rete, prestando assistenza al medesimo nella predisposizione del ricorso e curando le comunicazioni tra il cliente e il sistema di ADR competente per la trattazione del ricorso (nondimeno, su richiesta di quest'ultimo, fornendo collaborazione tecnica e giuridica in ordine alle questioni oggetto del ricorso).

Sempre in virtù dell'adesione alla rete Fin.Net, l'ABF può essere adito in relazione a controversie promosse da clienti residenti o domiciliati in altro Stato membro, qualora ciò sia previsto dalla disciplina di tale Stato.

C) L'organo decidente

L'organo decidente, i cui componenti sono nominati con provvedimento della Banca d'Italia, è costituito da:

a) il presidente e due membri scelti dalla Banca d'Italia;

b) un membro designato dagli intermediari;

c) un membro designato dalle associazioni rappresentative dei clienti.

La designazione del componente di cui alla lettera b), è effettuata secondo modalità, indicate dalla Banca d'Italia, che assicurano la rappresentatività degli intermediari, anche attraverso il riconoscimento di organismi associativi di intermediari appartenenti alle diverse tipologie e distribuiti sull'intero territorio nazionale.

La designazione di tale componente è attualmente effettuata per mezzo dell'organismo del Conciliatore Bancario Finanziario.

La designazione del componente di cui alla lettera c), è effettuata secondo modalità indicate dalla Banca d'Italia, la quale fa riferimento:

- per i consumatori, al Consiglio nazionale dei consumatori e degli utenti di cui all'articolo 136 del d.lgs. 206/2005 :
- per le altre categorie di clienti, ad associazioni di categoria che raccolgano un significativo numero di aderenti, distribuiti sull'intero territorio nazionale, e che abbiano svolto attività continuativa nei tre anni precedenti.

La composizione dell'organo decidente, per quanto riguarda i membri di cui alle lettere b) e c), è determinata in funzione della tipologia dell'intermediario interessato, dell'oggetto della controversia ovvero della categoria di appartenenza del cliente che ha presentato il ricorso, secondo quanto stabilito dalla Banca d'Italia.

Con le stesse modalità, sono nominati uno o più componenti supplenti che possono essere chiamati a sostituire i corrispondenti componenti effettivi in caso di assenza, impedimento o astensione. La sostituzione può essere disposta anche in relazione al flusso di ricorsi e ai carichi di lavoro, al fine di assicurare la funzionalità dell'attività del Collegio.

In caso di assenza, impedimento o astensione del presidente, le relative funzioni sono svolte dal più anziano dei membri effettivi tra quelli scelti dalla Banca d'Italia, ovvero, in mancanza, dal più anziano dei corrispondenti membri supplenti. L'anzianità si determina in base alla permanenza nella carica o, in caso di uguale permanenza, in base all'età anagrafica.

La Banca d'Italia, al fine di assicurare l'effettivo e continuo funzionamento dell'organo, nel caso in cui gli organismi di cui al presente paragrafo non procedano alle designazioni dei membri (effettivi o supplenti) di competenza, può sollecitarli in tal senso; qualora le designazioni non siano effettuate entro 30 giorni dal sollecito, la Banca d'Italia nomina dei membri provvisori, che rimangono in carica fino alla reintegrazione dell'organo.

Il presidente rimane in carica cinque anni e gli altri membri tre anni; il mandato è rinnovabile una sola volta.

La Banca d'Italia può dichiarare la decadenza dall'ufficio dei componenti che abbiano effettuato reiterate assenze ovvero revocare uno o più componenti per giusta causa. In caso di necessità, al fine di assicurare la continuità di funzionamento dell'organo decidente, la Banca d'Italia può sostituire i componenti decaduti o revocati con membri provvisori, che rimangono in carica fino alla reintegrazione dell'organo con i componenti nominati come sopra.

I componenti dell'organo decidente sono scelti tra persone di esperienza e professionalità, in particolare in materia bancaria, finanziaria o di tutela dei consumatori.

Essi debbono:

- possedere requisiti di esperienza, professionalità, integrità e indipendenza;

- avere status di docenti universitari in discipline giuridiche o economiche, professionisti iscritti ad albi professionali nelle medesime materie con anzianità di iscrizione di almeno dodici anni, magistrati in quiescenza, ovvero essere in possesso di una significativa e comprovata competenza in materia bancaria, finanziaria o di tutela dei consumatori (per la valutazione di tale competenza sono considerate le esperienze nel settore finanziario – quali gli status di esponenti aziendali, componenti gli organi delle procedure di crisi, dipendenti delle autorità di vigilanza cessati dall'esercizio delle funzioni di vigilanza, revisori contabili, consulenti – e quelle maturate in generale nel campo dell'arbitrato o della conciliazione, nonché l'attività di docenza e le pubblicazioni in discipline giuridiche ed economiche).

In considerazione della necessità di garantire un impegno attivo e costante dei componenti dell'organo decidente sono valutati, tra l'altro: il numero e la gravosità di altri incarichi già ricoperti; l'età anagrafica del componente; la prossimità del luogo di residenza o domicilio con la sede del Collegio.

Non possono essere nominati componenti dell'organo decidente coloro i quali:

- siano stati condannati per uno dei reati previsti dalle norme che disciplinano l'attività bancaria, finanziaria, mobiliare, assicurativa, dalle norme in materia di mercati e valori mobiliari e di strumenti di pagamento, ovvero per i reati di riciclaggio e di usura;
- abbiano riportato condanne definitive per altri delitti non colposi o a pena detentiva, anche per contravvenzione;
- abbiano riportato condanne a pena detentiva, applicata su richiesta delle parti, non inferiore a sei mesi;
- siano incorsi nell'interdizione perpetua o temporanea dai pubblici uffici;
- siano stati sottoposti a misure di prevenzione o di sicurezza.

Non possono essere nominati componenti dell'organo decidente coloro che, nel biennio precedente, abbiano ricoperto cariche sociali o svolto attività di lavoro subordinato ovvero di lavoro autonomo avente carattere di collaborazione coordinata e continuativa presso gli intermediari e le loro associazioni o presso le associazioni dei consumatori o delle altre categorie di clienti.

Non possono essere nominati componenti dell'organo decidente coloro che ricoprano cariche politiche.

Il presidente coordina i lavori del Collegio, accerta i risultati delle votazioni, sottoscrive la decisione.

Nel loro operato i membri dell'organo decidente si attengono al Regolamento di Procedura dell'ABF e al Codice Deontologico predisposti dalla Banca d'Italia.

L'organo decidente è articolato in tre collegi su base territoriale.

Il Collegio con sede a Milano è competente per la decisione sui ricorsi presentati da clienti aventi il proprio domicilio in una delle seguenti Regioni: Emilia-Romagna, Friuli-Venezia Giulia, Liguria, Lombardia, Piemonte, Trentino-Alto Adige, Valle d'Aosta, Veneto.

Il Collegio con sede a Roma è competente per la decisione sui ricorsi presentati da clienti aventi il proprio domicilio in: Abruzzo, Lazio, Marche, Sardegna, Toscana, Umbria. Il Collegio è inoltre competente per i ricorsi presentati da clienti aventi il proprio domicilio in uno Stato estero.

Il Collegio con sede a Napoli è competente per la decisione sui ricorsi presentati da clienti aventi il proprio domicilio in: Basilicata, Calabria, Campania, Molise, Puglia, Sicilia.

A tali fini si considera il domicilio del cliente dichiarato nel ricorso.

Il Collegio competente per la trattazione del ricorso, se ritiene che ricorrano questioni di particolare importanza o rileva che la questione sottoposta al suo esame abbia dato luogo o possa dare luogo a orientamenti non uniformi tra i singoli Collegi, dispone che il ricorso sia esaminato e deciso da una particolare composizione dell'ABF, denominata Collegio di coordinamento.

La rimessione al Collegio di coordinamento può essere inoltre disposta dal presidente del Collegio territorialmente competente, prima che il ricorso venga esaminato dal Collegio stesso.

Il Collegio di coordinamento è composto dai presidenti dei tre Collegi nei quali si articola l'organo decidente, nonché da un membro designato dalle associazioni degli intermediari e da un membro designato dalle associazioni rappresentative dei clienti appartenenti ai singoli Collegi.

I membri designati dalle associazioni e i relativi supplenti sono annualmente estratti a sorte dalla Banca d'Italia nell'ambito dei componenti dei singoli Collegi. L'elenco dei componenti il Collegio di coordinamento e dei relativi supplenti è pubblicato sul sito web dell'ABF.

Le funzioni di presidente del Collegio di coordinamento sono svolte dal più anziano tra i presidenti dei singoli Collegi. L'anzianità si determina in base alla permanenza nella carica o, in caso di uguale permanenza, in base all'età anagrafica.

Qualora i singoli Collegi intendano discostarsi da una decisione presa dal Collegio di coordinamento, essi esplicitano nella motivazione della decisione le ragioni per le quali ritengono che le specificità del caso concreto rendono necessaria una soluzione diversa da quella a suo tempo adottata dal Collegio di coordinamento.

L'attività di Segreteria Tecnica per il Collegio di coordinamento è affidata alla segreteria del Collegio competente sul ricorso o, nel caso di contestuale presentazione di una pluralità di ricorsi, alla segreteria individuata dalla Struttura centrale di coordinamento.

Le riunioni del Collegio di coordinamento possono svolgersi anche in modalità video-conferenza.

D) La Segreteria Tecnica

La Segreteria Tecnica dell'Arbitro Bancario Finanziario è l'organo ausiliario di ABF deputato alla predisposizione di tutti gli adempimenti preparatori e prodromici rispetto alla trattazione dei ricorsi.

Essa:

- riceve i ricorsi presentati dalla clientela, provvedendo alla loro classificazione e all'apertura dei relativi fascicoli, e ne trasmette copia agli intermediari qualora non vi abbia già provveduto il cliente;

- riceve la documentazione relativa agli intermediari (controdeduzioni e documenti relativi alla procedura di reclamo);
- accerta completezza, regolarità e tempestività della documentazione presentata dalle parti e, ove ne ravvisi l'esigenza, chiede alle parti le necessarie integrazioni, fissando un termine per la loro produzione;
- ei casi di manifesta irricevibilità o inammissibilità del ricorso, sottopone prontamente lo stesso al presidente per l'assunzione delle determinazioni previste all'uopo;
- cura la formazione del fascicolo contenente il ricorso, le controdeduzioni, la documentazione presentata dalle parti, compresa quella relativa alla fase del reclamo, ed ogni altro documento ritenuto utile ai fini della decisione;
- predispone una relazione da rendere disponibile a ciascun componente del Collegio prima della riunione in cui viene discusso il ricorso;
- sottopone al presidente per l'approvazione il calendario delle riunioni del Collegio;
- convoca i membri del Collegio e li informa sull'agenda dei ricorsi da trattare;
- assiste alle riunioni del Collegio e ne redige il verbale;
- cura le comunicazioni alle parti previste ai sensi delle presenti disposizioni, ovvero disposte dal presidente o dal Collegio;
- alimenta l'archivio elettronico delle decisioni;
- provvede agli adempimenti necessari alla pubblicazione della notizia dell'inadempimento delle decisioni da parte degli intermediari.

Tutte le segreterie tecniche territoriali sono coordinate da una struttura centrale di coordinamento, che è insediata presso l'Amministrazione Centrale della Banca d'Italia e provvede principalmente a svolgere attività di:

- informativa al pubblico delle attività di ABF, anche attraverso la redazione della relazione annuale;
- individuazione di linee guida operative;

- supporto consultivo;
- individuazione della Segreteria Tecnica competente nel caso di pluralità di ricorsi rimessi contestualmente al Collegio di coordinamento;
- raccordo con la rete Fin.Net.

E) Il reclamo all'intermediario

Il ricorso all'ABF è preceduto da un reclamo all'intermediario, anche qualora quest'ultimo abbia promosso forme di composizione delle controversie basate su accordi con le associazioni dei consumatori (sono tuttavia ammissibili i ricorsi proposti in assenza di reclamo all'intermediario relativi a controversie pendenti davanti all'autorità giudiziaria per le quali il giudice abbia rilevato il mancato esperimento della condizione di procedibilità di cui all'art. 5, comma 1, del decreto legislativo 4 marzo 2010, n. 28).

Presso l'intermediario opera un ufficio reclami ovvero viene individuato il responsabile della relativa funzione.

Le procedure interne adottate dall'intermediario devono assicurare che l'ufficio o il responsabile della gestione dei reclami:

- si mantenga costantemente aggiornato in merito agli orientamenti seguiti dall'organo decidente, attraverso la consultazione dell'archivio elettronico delle decisioni dei collegi pubblicato su internet;
- valuti i reclami pervenuti anche alla luce dei predetti orientamenti, verificando se la questione sottoposta dal cliente rientri in fattispecie analoghe a quelle già decise dai collegi e considerando le soluzioni adottate in tali casi.

L'intermediario si pronuncia entro 30 giorni dalla ricezione del reclamo e indica, in caso di accoglimento, i tempi previsti per l'adempimento.

F) Avvio del procedimento

Il cliente rimasto insoddisfatto o il cui reclamo non abbia avuto esito nel termine previsto può presentare il ricorso – mercé invio postale raccomandato ovvero deposoto presso una qualsiasi filiale della Banca d'Italia, direttamente o attraverso la propria associazione di categoria – dandone tempestiva comunicazione all'intermediario, purché non siano trascorsi più di 12 mesi dalla presentazione del reclamo.

Prima di presentare il ricorso è necessario versare la somma di 20 Euro come contributo per le spese della procedura indicando come causale "Ricorso ABF" e il codice fiscale o la Partita IVA del cliente cui il ricorso si riferisce. Copia della ricevuta che attesta il pagamento deve essere inviata insieme al ricorso, che altrimenti sarà irricevibile.

Il presidente, al quale il ricorso sia stato trasmesso dalla Segreteria Tecnica, dichiara inammissibile il ricorso ove rilevi la sua manifesta irricevibilità o inammissibilità.

La manifesta irricevibilità o inammissibilità ricorre nei casi di palese incompletezza, irregolarità o intempestività del ricorso, ad esempio:

- ricorsi che palesemente non rientrino nella competenza dell'ABF;
- ricorsi proposti oltre la scadenza del termine di 12 mesi dalla presentazione del reclamo all'intermediario;
- ricorsi in cui sia indeterminato il cliente o l'intermediario oppure proposti nei confronti di soggetti che non sono intermediari;
- ricorsi in cui manchi la contestazione di un comportamento dell'intermediario
- ricorsi per i quali non sia attestato il versamento del contributo spese di 20 euro;
- ricorsi presentati senza utilizzare l'apposita modulistica oppure privi di firma.

Se, viceversa, il presidente rileva irregolarità sanabili o l'incompletezza della documentazione presentata, fissa un termine per la regolarizzazione o per le integrazioni necessarie e restituisce il ricorso alla Segreteria Tecnica. Decorso inutilmente il predetto termine, il ricorso – originariamente definibile come improcedibile – è dichiarato inammissibile dal presidente.

Non appena presentato il ricorso all'Arbitro, il cliente deve inviarne copia all'intermediario con lettera raccomandata AR o per posta elettronica certificata (PEC); qualora non lo faccia, vi provvede la Segreteria Tecnica.

Il ricorso è indirizzato al Collegio nella cui zona di competenza territoriale il cliente ha la propria sede o residenza presso la relativa Segreteria Tecnica, utilizzando la modulistica preventivamente pubblicata a tal fine.

Dalla ricezione della comunicazione l'intermediario ha a disposizione al massimo 45 giorni per inviare alla Segreteria Tecnica le proprie controdeduzioni e la documentazione necessaria per decidere il ricorso.

Entro 30 giorni dalla ricezione della comunicazione di cui sopra gli intermediari trasmettono le proprie controdeduzioni, unitamente a tutta la documentazione relativa al reclamo, agli organismi associativi individuati dalla Banca d'Italia ovvero, se non aderiscono ai medesimi, direttamente alla Segreteria Tecnica. Gli organismi associativi, verificata la completezza della documentazione e il rispetto delle norme procedurali, la inoltrano entro 15 giorni dalla ricezione della stessa alla Segreteria Tecnica. La Segreteria Tecnica svolge l'istruttoria esclusivamente sulla base della documentazione fornita dalle parti.

La Segreteria Tecnica e il Collegio possono comunque chiedere alle parti di fornire ulteriori documenti. Questa richiesta comporta la sospensione del termine di 60 giorni per la decisione da parte del Collegio, di cui viene data comunicazione alle parti.

Il ruolo svolto in questa fase dalle associazioni di categoria dei clienti o degli intermediari nell'ambito della procedura di ricorso può consistere in un controllo di completezza e regolarità formale della documentazione da presentare e in una funzione di raccordo con la Segreteria Tecnica; le associazioni dei clienti possono, inoltre, fornire assistenza agli aderenti nella redazione del ricorso; sono in ogni caso escluse valutazioni inerenti il merito della controversia o volte a prospettare i possibili contenuti della decisione del Collegio.

Qualora il ritardo o l'assenza della documentazione dovuta dall'intermediario - anche a seguito di eventuali richieste di integrazione da parte della Segreteria Tecnica - rendano impossibile una pronuncia sul merito della controversia, l'organo decidente valuta la condotta dell'intermediario sotto il profilo della mancata cooperazione di quest'ultimo allo svolgimento della procedura.

G) Lo svolgimento del procedimento

Il Collegio si pronuncia entro 60 giorni dal momento in cui ha ricevuto le controdeduzioni o, in mancanza, dalla scadenza del termine per la presentazione di queste ultime da parte dell'intermediario o degli organismi associativi. Il Collegio è regolarmente costituito con la presenza di tutti e cinque i suoi componenti. La decisione sul ricorso è assunta a maggioranza. I componenti del Collegio che si trovino in situazioni di conflitto di interessi rispetto alle parti o alle questioni oggetto della controversia si astengono, previa segnalazione al Collegio, dalla decisione sul ricorso; in luogo dei componenti astenuti, subentrano i rispettivi supplenti.

Se nel corso del procedimento il Collegio rileva che per la controversia è stato avviato un tentativo di conciliazione, il Collegio stesso interrompe il procedimento. Se la conciliazione fallisce, il ricorso può essere riproposto entro 6 mesi dal fallimento senza che sia necessario presentare un nuovo reclamo all'intermediario.

Può inoltre accadere che prima della decisione del Collegio la controversia venga portata dall'intermediario anche all'attenzione dell'autorità giudiziaria o di arbitri.

In tal caso, la Segreteria Tecnica invita il cliente a dichiarare se ha comunque interesse a proseguire il procedimento davanti all'ABF. Se il cliente manifesta il proprio interesse entro 30 giorni, il procedimento prosegue; in caso contrario, il Collegio dichiara l'estinzione del procedimento.

La decisione sul ricorso è motivata e comunicata alle parti entro 30 giorni dalla pronuncia; essa è assunta sulla base della documentazione raccolta e delle previsioni di legge e regolamentari in materia, nonché dei codici di condotta cui l'intermediario aderisca. Essa può contenere indicazioni volte a favorire le relazioni tra intermediari e clienti.

In caso di accoglimento totale o parziale del ricorso, l'intermediario adempie alla decisione entro 30 giorni dalla comunicazione della pronuncia, ovvero nel diverso termine previsto dalla medesima.

Nei casi di inadempimento o di ritardo nell'adempimento della decisione ovvero nei casi di mancata cooperazione dell' intermediario, l'inadempienza è resa pubblica secondo le modalità stabilite dalla Banca d'Italia. Resta ferma la facoltà per entrambe le parti di ricorrere all'autorità giudiziaria ovvero ad ogni altro mezzo previsto dall'ordinamento per la tutela dei propri diritti e interessi.

Se l'intermediario non rispetta la decisione o non collabora al funzionamento della procedura, il suo inadempimento è pubblicato su questo sito, sul sito web della Banca d'Italia e, a spese dell'intermediario, in due quotidiani ad ampia diffusione nazionale.

E' inadempiente l'intermediario che:

- non esegue o esegue solo in parte la prestazione imposta dalla decisione dell'Arbitro Bancario Finanziario;
- non rimborsa al cliente i 20 euro versati come contributo spese, se il ricorso è stato accolto anche solo in parte;
- non versa alla Banca d'Italia il contributo spese di 200 euro dovuto se il ricorso viene accolto anche solo in parte.

Non collabora al funzionamento della procedura l'intermediario che:

- non versa il contributo dovuto ai membri dei Collegi designati dalle associazioni degli intermediari;
- omette o invia in ritardo la documentazione richiesta, se questo impedisce all'ABF di decidere la controversia.

Nel procedimento innanzi all'ABF è ammessa la difesa tecnica delle parti.

L'ABF non può sollevare questioni di legittimità costituzionale innanzi alla Corte Costituzionale (come da ordinanza n. 218 del 21 luglio 2011 a seguito di questione sollevata dal Collegio di Napoli).

H) Correzione della decisione

La parte interessata può, entro 30 giorni dalla comunicazione della decisione completa della motivazione, chiederne la correzione nei soli casi in cui essa sia affetta da omissioni o errori materiali o di calcolo.

La richiesta di correzione è inviata alla Segreteria Tecnica del Collegio che ha adottato la decisione. La richiesta è esaminata in via preliminare dal presidente o da un componente del Collegio da lui delegato il quale, se rileva la manifesta insussistenza dei presupposti per la correzione, dichiara la richiesta inammissibile.

Negli altri casi, la richiesta viene dichiarata ammissibile. La Segreteria Tecnica dà notizia alle parti della dichiarazione di inammissibilità o di ammissibilità.

La dichiarazione di ammissibilità interrompe il termine a carico dell'intermediario per l'adempimento della decisione. Nel trasmettere alle parti la dichiarazione di ammissibilità della richiesta di correzione, la Segreteria Tecnica comunica loro il verificarsi dell'interruzione.

Il Collegio si pronuncia sulla richiesta entro 30 giorni dalla dichiarazione di ammissibilità. La pronuncia è comunicata dalla Segreteria Tecnica alle parti.

Se la pronuncia accoglie la richiesta di correzione, integra la decisione. Qualora la decisione richieda un adempimento da parte dell'intermediario, il Collegio fissa il relativo termine, che decorre dalla data della comunicazione della pronuncia.

Eventuali altre richieste o comunicazioni delle parti conseguenti alla decisione vengono sottoposte dalla Segreteria Tecnica al presidente del Collegio; quest'ultimo fornisce indicazioni in ordine alla risposta da indirizzare alle parti oppure sottopone la questione al Collegio per le opportune determinazioni.

I) Mancato rispetto della decisione

Entro il termine fissato per l'adempimento, l'intermediario comunica alla Segreteria Tecnica le azioni poste in essere per dare attuazione alla decisione del Collegio. Gli intermediari che aderiscono alle associazioni degli intermediari possono effettuare la comunicazione per il loro tramite.

Qualora risulti l'inadempimento dell'intermediario e nei casi dubbi, la Segreteria Tecnica ne informa il Collegio; ove quest'ultimo accerti l'inadempimento, ne viene data notizia secondo le modalità stabilite dal presente paragrafo.

Viene resa pubblica, altresì, la mancata cooperazione al funzionamento della procedura da parte dell'intermediario. Tra i casi di mancata cooperazione rientrano, ad esempio, l'omissione o il ritardo nell'invio della documentazione richiesta che abbiano reso impossibile una pronuncia sul merito della controversia, o il mancato versamento dei contributi previsti.

La notizia dell'inadempienza dell'intermediario o della sua mancata cooperazione è pubblicata sul sito internet dell'ABF e, a cura e spese dell'intermediario, in due quotidiani ad ampia diffusione nazionale. Nel caso in cui sia stata comunicata la sottoposizione della controversia all'Autorità giudiziaria, ne viene fatta menzione in sede di pubblicazione.

Sul sito della Banca d'Italia è pubblicato l'elenco degli intermediari che non hanno rispettato le decisioni adottate dall'Arbitro Bancario Finanziario o che non hanno collaborato al funzionamento della procedura di risoluzione stragiudiziale della controversia.

Sussiste inadempimento quando l'intermediario:

- non esegue o esegue solo in parte la prestazione imposta dalla decisione dell'Arbitro Bancario Finanziario;

- non rimborsa al cliente i 20 euro versati come contributo spese, se il ricorso è stato accolto anche solo in parte;

- non versa alla Banca d'Italia il contributo spese di 200 euro dovuto se il ricorso viene accolto anche solo in parte.

Sussiste mancata collaborazione al funzionamento della procedura quando l'intermediario:

- non versa il contributo dovuto ai membri dei Collegi designati dalle associazioni degli intermediari;

- omette o invia in ritardo la documentazione richiesta, se questo impedisce all'ABF di decidere la controversia.

J) Il procedimento ad istanza del Prefetto

L'articolo 27-bis, comma 1-quinquies, del decreto legge 24 gennaio 2012, n. 1, convertito con modificazioni dalla legge 24 marzo 2012, n. 27, come modificato dal decreto legge 24 marzo 2012, n. 29, convertito con modificazioni dalla legge 18 maggio 2012, n. 62, ha previsto che il Prefetto possa – ad istanza del cliente e limitatamente ai casi in cui si contesti nei confronti di una banca la mancata erogazione ovvero il mancato incremento oppure la revoca di un finanziamento ovvero l'inasprimento delle condizioni applicate a un rapporto di finanziamento o da altri comportamenti conseguenti alla valutazione del merito di credito – adire l'Arbitro Bancario Finanziario.

L'adizione prefettizia dell'Arbitro Bancario Finanziario è consentita nel momento in cui il Prefetto riceva un'istanza di intervento da parte del cliente ai sensi del menzionato articolo 27 bis del d.l. n. 1/2012 nei casi testé indicati, e, segnalata la problematica sottesa alla banca, non riceva alcuna risposta entro un preciso termine (trenta giorni, o il diverso termine all'uopo specificamente impartito, dalla ricezione della segnalazione con l'invito al riscontro) ovvero riceva una risposta insoddisfacente oppure incongrua ancorché tempestiva da parte del medesimo istituto creditizio interessato.

In particolare, il Prefetto trasmette all'Arbitro Bancario Finanziario ordinariamente competente ratione loci un dossier contentente:

- l'istanza del cliente;
- la segnalazione alla banca della problematica sottesa all'istanza del cliente, con l'invito a fornire un riscontro entro il termine di trenta giorni o nel diverso termine all'uopo specificamente impartito;
- l'eventuale risposta della banca;
- la propria relazione motivata in ordine alla problematica sottesa all'istanza del cliente.

Il termine di decisione è di 30 giorni, che decorrono dal momento in cui l'istruttoria è perfetta; tale termine può essere sospeso nelle ipotesi di integrazione dell'incartamento di avvio (cui si applicano le medesime disposizioni previste per le ipotesi di integrazione dei ricorsi ordinari) anche più volte ma per un periodo complessivamente non superiore ai trenta giorni.

Si applicano tutte le disposizioni dettate per i procedimenti ordinari, salvo l'obbligo di corresponsione delle spese di avvio della procedura.

La decisione è comunicata, oltre che alle parti interessate, al Prefetto segnalante.

Nulla esprime la normativa in merito all'individuazione del Prefetto territorialmente competente all'adizione dell'Arbitro Bancario Finanziario.

Ragionevole è ritenere che siano concorrentemente competenti i Prefetti dei luoghi:

- di residenza ovvero insediamento legale dei clienti interessati, a seconda che siano persone fisiche oppure giuridiche;
- di insediamento legale della banca in relazione a cui si sia verificata la problematica sottesa all'instaurando procedimento;
- di domicilio bancario specifico dei clienti interessati, intendendosi per domicilio bancario specifico il luogo in cui abbia sede la filiale della banca in relazione a cui si sia verificata la problematica sottesa all'instaurando procedimento.

PARTE TERZA
LE APPENDICI

a cura di Mario Tocci*****

******Mario Tocci - avvocato del Foro di Cosenza e docente di diritto sportivo nella Libera Università delle Scienze Umane e Tecnologiche di Lugano - è il curatore generale dell'opera.*

DISPOSIZIONI SUI SISTEMI DI RISOLUZIONE STRAGIUDIZIALE DELLE CONTROVERSIE IN MATERIA DI OPERAZIONI E SERVIZI BANCARI E FINANZIARI

INDICE

DISPOSIZIONI DI CARATTERE GENERALE

1. PREMESSA
2. FONTI NORMATIVE
3. DEFINIZIONI
4. AMBITO DI APPLICAZIONE OGGETTIVO

ADESIONE ALL'ARBITRO BANCARIO FINANZIARIO

ORGANO DECIDENTE

1. ARTICOLAZIONE TERRITORIALE
2. NOMINA E COMPOSIZIONE
3. REQUISITI
4. FUNZIONAMENTO
5. COLLEGIO DI COORDINAMENTO

SEGRETERIA TECNICA

ORGANIZZAZIONE E FUNZIONI

STRUTTURA CENTRALE DI COORDINAMENTO E RELAZIONE SULL'ATTIVITÀ

COSTI

1. COMPENSI AI COMPONENTI DELL'ORGANO DECIDENTE

2. CONTRIBUTO ALLE SPESE DELLA PROCEDURA

PROCEDIMENTO E DECISIONE

1. AVVIO DEL PROCEDIMENTO

2. SVOLGIMENTO DELLA PROCEDURA

3 DECISIONE SUL RICORSO

4. PUBBLICITÀ DELL'INADEMPIMENTO

5. CORREZIONE DELLA DECISIONE E ALTRE RICHIESTE DELLE PARTI

SEGNALAZIONE DEL PREFETTO ALL'ARBITRO BANCARIO FINANZIARIO

1. PREMESSA

2. PRESENTAZIONE DEL RICORSO ALL'ABF

3. SVOLGIMENTO DELLA PROCEDURA E DECISIONE SUL RICORSO

DISPOSIZIONI FINALI

1. ADESIONE ALLA RETE FIN.NET

2. TRASPARENZA E CONTRATTI

3. SOSPENSIONE DEI TERMINI

SEZIONE I
DISPOSIZIONI DI CARATTERE GENERALE

1. Premessa

L'articolo 128-bis del decreto legislativo 1° settembre 1993, n. 385 (T.U.), introdotto dalla legge 28 dicembre 2005, n. 262, nel quadro delle iniziative promosse dall'Unione europea in materia di sistemi alternativi di risoluzione delle controversie, impone agli intermediari bancari e finanziari di aderire a sistemi di risoluzione stragiudiziale delle controversie con i clienti e rimette a una delibera del CICR, su proposta della Banca d'Italia, la definizione dei criteri di svolgimento delle procedure e di composizione dell'organo decidente, in modo da assicurarne l'imparzialità e la rappresentatività dei soggetti interessati; le procedure devono garantire la rapidità, l'economicità della soluzione delle controversie e l'effettività della tutela, senza pregiudicare per il cliente il ricorso a ogni altro mezzo di tutela previsto dall'ordinamento.

La delibera del CICR n. 275 del 29 luglio 2008 ha dettato la disciplina dei nuovi sistemi stragiudiziali, delineandone il campo di applicazione, la struttura, le regole fondamentali di svolgimento della procedura. Il sistema di risoluzione stragiudiziale disciplinato dalle presenti disposizioni è denominato "Arbitro Bancario Finanziario" o "ABF". Esso ha lo scopo di dirimere in modo semplice, rapido ed efficace le controversie tra i clienti e gli intermediari. L'ABF svolge in autonomia le proprie funzioni, delle quali ha la piena ed esclusiva titolarità.

Alla Banca d'Italia sono affidati compiti di carattere normativo per l'emanazione delle disposizioni applicative e di nomina dei membri dell'organo decidente, nonché lo svolgimento di alcune attività ausiliarie. Per svolgere queste ultime, la Banca d'Italia mette a disposizione dell'ABF mezzi e risorse, anche attraverso l'istituzione di strutture dedicate – le Segreterie tecniche – presso le Sedi della Banca d'Italia ove operano i collegi dell'ABF.

L'attività dell'ABF, quale sistema alternativo di risoluzione delle controversie, assume rilievo per il conseguimento di obiettivi di efficienza e competitività del sistema finanziario: meccanismi efficaci di definizione delle liti incentivano il rispetto dei principi di trasparenza e correttezza nelle relazioni con la clientela; migliorano la fiducia del pubblico nei prestatori dei servizi bancari e finanziari; costituiscono un utile presidio dei rischi legali e reputazionali a beneficio della stabilità degli intermediari e del sistema finanziario nel suo complesso.

Le decisioni dell'ABF sono pubbliche. Esse integrano il più ampio quadro informativo di cui la Banca d'Italia dispone nello svolgimento della propria funzione regolatrice e di controllo.

Ai sensi del decreto legislativo 4 marzo 2010, n. 28, l'esperimento della procedura dinanzi all'ABF costituisce - in alternativa al ricorso al procedimento di mediazione disciplinato dal medesimo decreto - condizione di procedibilità della domanda giudiziale relativa a contratti bancari e finanziari, nei limiti e alle condizioni previste dalle presenti disposizioni.

2. Fonti normative

La materia è regolata dalle seguenti disposizioni:

— articolo 128-bis del T.U., che prevede l'adesione dei soggetti di cui all'articolo 115 del medesimo testo unico a sistemi di risoluzione stragiudiziale delle controversie con la clientela, rimettendo al CICR la definizione dei criteri di svolgimento delle procedure e di composizione dell'organo decidente;

— articolo 40 del decreto legislativo 27 gennaio 2010, n. 11, che prevede per gli utilizzatori dei servizi di pagamento il diritto di avvalersi di sistemi di risoluzione stragiudiziale delle controversie e, a tal fine, stabilisce che le banche, gli istituti di moneta elettronica e gli istituti di pagamento aderiscono ai sistemi di risoluzione stragiudiziale delle controversie previsti dall'articolo 128-bis del T.U.;

— articolo 5, comma 1, del decreto legislativo 4 marzo 2010 , n. 28, che prevede, per le controversie in materia di contratti bancari e finanziari, l'obbligo di esperire preliminarmente il procedimento di mediazione ai sensi del medesimo decreto, ovvero il procedimento istituito in attuazione dell'articolo 128-bis del T.U., quale condizione di procedibilità della domanda giudiziale;

— deliberazione del CICR n. 275 del 29 luglio 2008, recante "Disciplina dei sistemi di risoluzione stragiudiziale delle controversie con la clientela ai sensi dell'articolo 128-bis del decreto legislativo 1° settembre 1993, n. 385, e successive modificazioni".

Si richiamano, inoltre:

— l'articolo 23, comma 4, del decreto legislativo 24 febbraio 1998, n. 58, che esclude l'applicazione del titolo VI del T.U. ai servizi e alle attività di investimento, al collocamento di prodotti finanziari nonché alle operazioni e ai servizi che siano componenti di prodotti finanziari assoggettati alla disciplina del medesimo decreto legislativo. In ogni caso, alle operazioni di credito al consumo si applicano le pertinenti disposizioni del titolo VI del T.U.;

— la Raccomandazione della Commissione Europea 98/257/CE del 30 marzo

1998, riguardante i principi applicabili agli organi responsabili per la risoluzione extragiudiziale delle controversie in materia di consumo;

— le "Disposizioni sulla trasparenza delle operazioni e dei servizi bancari e finanziari. Correttezza delle relazioni tra intermediari e clienti" emanate dalla Banca d'Italia il 29 luglio 2009 (di seguito "disciplina di trasparenza dei servizi bancari e finanziari").

3. Definizioni

Ai fini della presente disciplina si definiscono:

— "Arbitro Bancario Finanziario" o "ABF", i sistemi di risoluzione stragiudiziale delle controversie disciplinati dalle presenti disposizioni (1);

— "associazioni degli intermediari", gli organismi associativi riconosciuti dalla Banca d'Italia, ai sensi del paragrafo 2 della sezione III, ai fini della designazione del componente dell'organo decidente espressione degli intermediari;

— "cliente", il soggetto che ha o ha avuto un rapporto contrattuale o è entrato in relazione (2) con un intermediario per la prestazione di servizi bancari e finanziari, ivi compresi i servizi di pagamento (3). Per le operazioni di factoring, si considera cliente il cedente, nonché il debitore ceduto con cui il cessionario abbia convenuto la concessione di una dilazione di pagamento. Non rientrano nella definizione di cliente i soggetti che svolgono in via professionale attività nei settori bancario, finanziario, assicurativo, previdenziale e dei servizi di pagamento, a meno che essi agiscano per scopi estranei all'attività professionale;

— "intermediari" (4), le banche, gli intermediari finanziari iscritti nell'albo previsto dall'articolo 106 del T.U., i confidi iscritti nell'elenco previsto dall'articolo 112 del T.U., gli istituti di moneta elettronica, Poste Italiane S.p.A. in relazione all'attività di bancoposta, le banche e gli intermediari esteri che svolgono in Italia nei confronti del pubblico operazioni e servizi disciplinati dal titolo VI del T.U., gli istituti di pagamento;

.— "reclamo", ogni atto con cui un cliente chiaramente identificabile contesta in forma scritta (es. lettera, fax, e-mail) all'intermediario un suo comportamento anche omissivo.

(1) Ai sensi della delibera del CICR n. 275 del 29 luglio 2008, per sistema di risoluzione stragiudiziale delle controversie si intende l'insieme formato dall'organo decidente, composto in funzione degli interessi degli intermediari e dei clienti coinvolti nella controversia, dal procedimento e dalle relative strutture organizzative regolati dalla presente disciplina.

(2) Tra le ipotesi di relazione con l'intermediario per la prestazione di servizi bancari e finanziari rientrano anche le trattative precontrattuali, che possono dar luogo a controversie concernenti il rispetto delle norme in materia di trasparenza, indipendentemente dall'effettiva conclusione di un contratto.

(3) Il riferimento è alla nozione di servizi di pagamento contenuta nella disciplina di trasparenza dei servizi bancari e finanziari.

(4) Fino all'entrata in vigore delle disposizioni di attuazione del Titolo III del decreto legislativo 13 agosto 2010, n. 141, i riferimenti agli intermediari finanziari iscritti nell'albo previsto dall'articolo 106 del T.U. e ai confidi iscritti nell'elenco previsto dall'articolo 112 del T.U. sono da intendersi, rispettivamente, agli intermediari finanziari iscritti negli elenchi di cui agli articoli 106 e 107 del T.U. e ai confidi iscritti nella sezione separata dell'elenco di cui all'articolo 106 del T.U. (nel testo previgente).

4. Ambito di applicazione oggettivo

All'Arbitro Bancario Finanziario possono essere sottoposte controversie relative a operazioni e servizi bancari e finanziari. Sono escluse le controversie attinenti ai servizi e alle attività di investimento e alle altre fattispecie non assoggettate al titolo VI del T.U. ai sensi dell'articolo 23, comma 4, del decreto legislativo 24 febbraio 1998, n. 58 (1) (2).

All'ABF possono essere sottoposte tutte le controversie aventi ad oggetto l'accertamento di diritti, obblighi e facoltà, indipendentemente dal valore del rapporto al quale si riferiscono. Se la richiesta del ricorrente ha ad oggetto la corresponsione di una somma di denaro a qualunque titolo, la controversia rientra nella cognizione dell'ABF a condizione che l'importo richiesto non sia superiore a 100.000 euro.

Sono escluse dalla cognizione dell'organo decidente le richieste di risarcimento dei danni che non siano conseguenza immediata e diretta dell'inadempimento o della violazione dell'intermediario; sono parimenti escluse le questioni relative a beni materiali o a servizi diversi da quelli bancari e finanziari oggetto del contratto tra il cliente e l'intermediario ovvero di contratti ad esso collegati (ad esempio, quelle riguardanti eventuali vizi del bene concesso in leasing o fornito mediante operazioni di credito al consumo; quelle relative alle forniture connesse a crediti commerciali ceduti nell'ambito di operazioni di factoring).

Non possono essere sottoposte all'ABF controversie relative a operazioni o comportamenti anteriori al 1° gennaio 2009 (3).

Non possono essere inoltre proposti ricorsi inerenti a controversie già sottoposte all'autorità giudiziaria, salvo i ricorsi proposti entro il termine fissato dal giudice ai sensi dell'art. 5, comma 1, del decreto legislativo 4 marzo 2010, n. 28. Anche in questi casi, resta fermo l'ambito della cognizione dell'ABF definito dalle presenti disposizioni.

L'ABF non può conoscere controversie per le quali sia pendente un procedimento di esecuzione forzata o di ingiunzione. Non possono altresì essere proposti ricorsi inerenti a controversie rimesse a decisione arbitrale ovvero per le quali sia pendente un tentativo di conciliazione o di mediazione ai sensi di norme di legge (ad esempio, decreto legislativo 4 marzo 2010, n. 28) promosso dal ricorrente o al quale questi abbia aderito (4). Il ricorso all'ABF è tuttavia possibile in caso di fallimento di una procedura conciliativa già intrapresa; in questo caso – fermo restando quanto previsto dall'art. 5, comma 1, del decreto legislativo 4 marzo 2010, n. 28 – il ricorso può essere proposto anche qualora sia decorso il termine di 12 mesi di cui alla sezione VI, paragrafo 1.

Nel caso di azione collettiva risarcitoria di cui all'articolo 140-bis del Codice del Consumo, la controversia si intende sottoposta all'autorità giudiziaria dal momento in cui il consumatore o utente aderisce all'azione collettiva.

(1) L'articolo 23, comma 4, del decreto legislativo 24 febbraio 1998, n. 58 esclude l'applicazione del titolo VI del T.U. ai servizi e alle attività di investimento, al collocamento di prodotti finanziari nonché alle operazioni e ai servizi che siano componenti di prodotti finanziari assoggettati alla disciplina dell'articolo 25-bis ovvero della parte IV, titolo II, capo I, del medesimo decreto legislativo. In ogni caso, alle operazioni di credito al consumo si applicano le pertinenti disposizioni del titolo VI del T.U..

(2) Per la definizione dell'ambito applicativo delle presenti disposizioni rispetto a quelle adottate ai sensi del decreto legislativo 24 febbraio 1998, n. 58, si richiamano i criteri stabiliti dalla disciplina di trasparenza dei servizi bancari e finanziari. In proposito, cfr. altresì il Regolamento Consob del 29 dicembre 2008, disciplinante le procedure di conciliazione e arbitrato in materia di servizi di investimento e gestione

collettiva del risparmio previste dal decreto legislativo 8 ottobre 2007, n. 179, che rimette a un protocollo di intesa tra la Camera di conciliazione e arbitrato istituita presso la Consob e il sistema di risoluzione stragiudiziale delle controversie di cui all'articolo 128-bis del T.U. la risoluzione delle questioni relative all'ambito delle reciproche competenze.

(3) Resta fermo che non possono essere sottoposte all'ABF le controversie per le quali sia intervenuta la prescrizione ai sensi della disciplina generale.

(4) I casi in cui l'arbitrato o il tentativo di conciliazione vengono promossi successivamente alla presentazione del ricorso sono disciplinati dalla sezione VI, par. 2.

SEZIONE II

ADESIONE ALL'ARBITRO BANCARIO FINANZIARIO

Gli intermediari sono tenuti ad aderire all'ABF e a uniformarsi a quanto previsto dalla delibera del CICR n. 275 del 29 luglio 2008 e dalle presenti disposizioni. L'adesione all'ABF costituisce una condizione per lo svolgimento dell'attività bancaria e finanziaria e per la prestazione di servizi di pagamento; la Banca d'Italia ne valuta l'eventuale violazione nell'ambito della sua azione di controllo (1).

L'adesione all'ABF è comunicata per iscritto alla Banca d'Italia (2) secondo le seguenti modalità:

— le associazioni degli intermediari attestano alla Banca d'Italia la partecipazione all'ABF degli intermediari ad esse aderenti;

— gli intermediari non aderenti alle associazioni di cui al precedente alinea comunicano alla Banca d'Italia la propria adesione nonché l'associazione degli intermediari alla quale fare riferimento sia per l'individuazione del componente dell'organo decidente sia per il versamento del contributo previsto dalla sezione V, paragrafo 1.

Gli intermediari di nuova costituzione e quelli che intendano iniziare a svolgere in Italia operazioni e servizi bancari e finanziari o a offrire servizi di pagamento in Italia, effettuano la comunicazione di adesione all'ABF prima di iniziare l'attività.

Possono non aderire all'ABF gli intermediari aventi sede in un altro Stato membro dell'Unione Europea che operano in Italia in regime di libera prestazione di servizi, purché aderiscano o siano sottoposti a un sistema di composizione stragiudiziale delle controversie estero partecipante alla rete Fin.Net promossa dalla Commissione Europea. A tali fini, gli intermediari in questione comunicano alla Banca d'Italia il sistema stragiudiziale al quale aderiscono o sono sottoposti nel Paese d'origine (3).

(1) La mancata adesione all'ABF comporta anche l'applicazione della sanzione amministrativa pecuniaria di cui all'art. 144, comma 4, del T.U. La mancata adesione dell'intermediario comunque non comporta l'irricevibilità dei ricorsi presentati nei suoi confronti.

(2) Banca d'Italia, Servizio Rapporti Esterni e Affari Generali, Divisione Rapporti tra Intermediari e Clienti, via Milano 64, 00184 Roma.

(3) La comunicazione è effettuata prima di iniziare l'attività in Italia o al momento successivo in cui l'intermediario intende avvalersi di questa facoltà.

SEZIONE III
ORGANO DECIDENTE

1. Articolazione territoriale

Le controversie sono rimesse alla cognizione di un organo decidente costituito secondo quanto previsto dal paragrafo 2 e articolato in tre collegi su base territoriale.

Il collegio con sede a Milano è competente per la decisione sui ricorsi presentati da clienti aventi il proprio domicilio in una delle seguenti Regioni: Emilia-Romagna, Friuli-Venezia Giulia, Liguria, Lombardia, Piemonte, Trentino-Alto Adige, Valle d'Aosta, Veneto.

Il collegio con sede a Roma è competente per la decisione sui ricorsi presentati da clienti aventi il proprio domicilio in: Abruzzo, Lazio, Marche, Sardegna, Toscana, Umbria. Il collegio è inoltre competente per i ricorsi presentati da clienti aventi il proprio domicilio in uno Stato estero.

Il collegio con sede a Napoli è competente per la decisione sui ricorsi presentati da clienti aventi il proprio domicilio in: Basilicata, Calabria, Campania, Molise, Puglia, Sicilia.

A tali fini si considera il domicilio del cliente dichiarato nel ricorso.

2. Nomina e composizione

Ciascun collegio dell'organo decidente è costituito da cinque membri:

a) il presidente e due membri scelti dalla Banca d'Italia;

b) un membro designato dalle associazioni degli intermediari;

c) un membro designato dalle associazioni rappresentative dei clienti.

I criteri di imparzialità e di rappresentatività dell'organo decidente fissati dalla legge richiedono, secondo le indicazioni formulate dal CICR, che la composizione dei collegi sia tale da assicurare effettiva rappresentanza ai soggetti portatori dei diversi interessi coinvolti.

Per quanto riguarda il componente di cui alla lettera b), la designazione è rimessa a organismi associativi che presentino requisiti di ampia diffusione territoriale e di adeguata rappresentatività degli intermediari. La Banca d'Italia procede al riconoscimento degli organismi associativi che possono partecipare alla designazione del componente espresso dagli intermediari su istanza degli organismi stessi, verificando la sussistenza dei predetti requisiti (1).

(1) Il riconoscimento viene effettuato entro 60 giorni dalla ricezione dell'istanza; l'unità organizzativa competente è il Servizio Rapporti Esterni e Affari Generali della Banca d'Italia.

In casi eccezionali, ove sussistano comprovate esigenze di specializzazione e di rappresentatività dei componenti e a condizione che ciò non pregiudichi l'economicità e l'efficienza della procedura, la Banca d'Italia può consentire che un organismo associativo designi più componenti dell'organo decidente, che si alternino in funzione delle caratteristiche del ricorso (1).

La designazione del componente espresso dalle associazioni rappresentative dei clienti (lettera c) è effettuata:

— per i consumatori, dal Consiglio nazionale dei consumatori e degli utenti (CNCU) di cui all'articolo 136 del Codice del Consumo;

— per le altre categorie di clienti, da associazioni di categoria che raccolgono, anche attraverso accordi con altre associazioni di categoria, un significativo numero di clienti distribuiti sull'intero territorio nazionale e che hanno svolto attività continuativa nei tre anni precedenti.

Nell'effettuare la designazione le associazioni degli intermediari e quelle rappresentative dei clienti attestano di aver verificato la sussistenza dei requisiti previsti nel successivo paragrafo 3 (2).Ai fini degli adempimenti di competenza, la Banca d'Italia può chiedere l'esibizione della relativa documentazione.

I componenti dell'organo sono nominati con provvedimento della Banca d'Italia.

Con le medesime modalità sono designati e nominati uno o più componenti supplenti, che sono chiamati a sostituire i corrispondenti membri effettivi in caso di assenza, impedimento o astensione di questi ultimi. La sostituzione può essere disposta anche in relazione al flusso di ricorsi e ai carichi di lavoro, al fine di assicurare la funzionalità dell'attività del collegio.

La composizione dell'organo decidente, di cui il presidente verifica la regolare costituzione, varia secondo quanto previsto dal paragrafo 4.

In caso di assenza, impedimento o astensione del presidente, le relative funzioni sono svolte dal più anziano dei membri effettivi tra quelli scelti dalla Banca d'Italia (lettera a), ovvero, in mancanza, dal più anziano dei corrispondenti membri supplenti. L'anzianità si determina in base alla permanenza nella carica o, in caso di uguale permanenza, in base all'età anagrafica.

Il presidente coordina e regola l'attività del collegio, anche al fine di promuovere il rispetto dei termini della procedura.

La Banca d'Italia, al fine di assicurare l'effettivo e continuo funzionamento dell'organo, nel caso in cui gli organismi di cui al presente paragrafo non procedano alle designazioni dei membri (effettivi o supplenti) di competenza, può sollecitarli in tal senso; qualora le designazioni non siano effettuate entro 30 giorni dal sollecito, la Banca d'Italia nomina dei membri provvisori, che rimangono in carica fino alla reintegrazione dell'organo con la nomina dei componenti designati ai sensi del presente paragrafo.

(1) Così, in presenza di un unico organismo associativo riconosciuto, la Banca d'Italia può valutare la possibilità che questo designi due componenti per ciascun collegio, che si alternino in funzione della categoria di appartenenza del cliente che ha presentato il ricorso (consumatore o professionista/imprenditore).

(2) La designazione è comunicata al Servizio Rapporti Esterni e Affari Generali della Banca d'Italia.

Il presidente rimane in carica cinque anni e gli altri membri tre anni; il mandato è rinnovabile una sola volta.

Un impegno attivo e costante da parte dei componenti dell'organo è essenziale per assicurare la funzionalità e l'efficienza dell'ABF.

In considerazione di ciò, la Banca d'Italia - valutate le eventuali giustificazioni presentate dall'interessato - può dichiarare la decadenza dall'ufficio dei componente che abbiano effettuato reiterate assenze ovvero revocare componenti per giusta causa. Tra le cause di revoca rientrano, ad esempio, la perdita dei requisiti per la nomina previsti dal paragrafo 3 e le violazioni del codice deontologico di cui al paragrafo 4.

In caso di necessità, al fine di assicurare la continuità di funzionamento dell'organo, la Banca d'Italia può sostituire i componenti decaduti, revocati o dimissionari con membri provvisori, che rimangono in carica fino alla reintegrazione dell'organo con i componenti nominati ai sensi del presente paragrafo.

3. Requisiti

I componenti dell'organo debbono possedere requisiti di esperienza, professionalità, integrità e indipendenza.

Essi sono scelti tra docenti universitari in discipline giuridiche o economiche, professionisti iscritti ad albi professionali nelle medesime materie con anzianità di iscrizione di almeno dodici anni, magistrati in quiescenza, ovvero altri soggetti in possesso di una significativa e comprovata competenza in materia bancaria, finanziaria o di tutela dei consumatori (1).

In considerazione della necessità di garantire un impegno attivo e costante dei componenti dell'organo decidente sono valutati, tra l'altro: i) il numero e la gravosità di altri incarichi già ricoperti; ii) l'età anagrafica del componente; iii) la prossimità del luogo di residenza o domicilio con la sede del Collegio.

Non possono essere nominati componenti dell'organo decidente coloro i quali:

— siano stati condannati per uno dei reati previsti dalle norme che disciplinano l'attività bancaria, finanziaria, mobiliare, assicurativa, dalle norme in materia di mercati e valori mobiliari e di strumenti di pagamento, ovvero per i reati di riciclaggio e di usura;

— abbiano riportato condanne definitive per altri delitti non colposi o a pena detentiva, anche per contravvenzione;

— abbiano riportato condanne a pena detentiva, applicata su richiesta delle parti, non inferiore a sei mesi;

— siano incorsi nell'interdizione perpetua o temporanea dai pubblici uffici;

— siano stati sottoposti a misure di prevenzione o di sicurezza.

Non possono essere nominati componenti coloro che, nel biennio precedente, abbiano ricoperto cariche sociali o svolto attività di lavoro subordinato ovvero di lavoro autonomo avente carattere di collaborazione coordinata e continuativa presso gli intermediari o le loro associazioni o presso le associazioni dei consumatori o delle altre categorie di clienti.

Non possono essere nominati componenti coloro che ricoprono cariche politiche.

(1) Per la valutazione di tale competenza sono considerate le esperienze nel settore finanziario (esponenti aziendali, componenti gli organi delle procedure di crisi, dipendenti delle autorità di vigilanza cessati dall'esercizio delle funzioni di vigilanza, revisori contabili, consulenti) e quelle maturate in generale nel campo dell'arbitrato o della conciliazione, nonché l'attività di docenza e le pubblicazioni in discipline giuridiche ed economiche.

4. Funzionamento

Ciascuno dei collegi in cui si articola l'organo è regolarmente costituito con la presenza di tutti e cinque i suoi componenti. Eventuali impedimenti alla partecipazione alle riunioni sono comunicati senza ritardo alla segreteria tecnica dal componente interessato per consentire la convocazione del sostituto.

Il presidente approva il calendario delle riunioni del collegio predisposto dalla segreteria tecnica e assicura che la composizione dell'organo decidente sia adeguata alla tipologia delle parti coinvolte nel ricorso oggetto di trattazione, verificando che siano presenti i membri designati dalle pertinenti associazioni dei clienti e degli intermediari.

I componenti del collegio che si trovino in situazioni di conflitto di interessi rispetto alle parti o alle questioni oggetto della controversia (1) ne danno notizia senza ritardo alla segreteria tecnica, ai fini della convocazione dei relativi supplenti. Ove, in casi eccezionali, la situazione di conflitto di interessi emerga nel corso della riunione, la trattazione del ricorso viene rinviata.

La decisione sui ricorsi è assunta a maggioranza.

Il presidente coordina i lavori del collegio; accerta i risultati delle votazioni; sottoscrive la decisione.

Nel loro operato i membri del collegio si attengono al Regolamento per il funzionamento dell'Organo decidente dell'ABF e al codice deontologico predisposti dalla Banca d'Italia (2).

(1) Ad esempio, per prestare o aver prestato occasionalmente la propria collaborazione professionale a favore di una delle parti della controversia nel triennio precedente.

(2) Cfr. Il sito www.arbitrobancariofinanziario.it.

5. Collegio di coordinamento

Il Collegio competente per la trattazione del ricorso, se ritiene che ricorrano questioni di particolare importanza o rileva che la questione sottoposta al suo esame abbia dato luogo o possa dare luogo a orientamenti non uniformi tra i singoli Collegi, dispone che il ricorso sia esaminato e deciso da una particolare composizione dell'ABF, denominata Collegio di coordinamento. La rimessione al Collegio di coordinamento può essere inoltre disposta dal presidente del Collegio territorialmente competente, prima che il ricorso venga esaminato dal Collegio stesso.

Il Collegio di coordinamento è composto dai presidenti dei tre Collegi nei quali si articola l'organo decidente, nonché da un membro designato dalle associazioni degli intermediari e da un membro designato dalle associazioni rappresentative dei clienti (1) appartenenti ai singoli Collegi. I membri designati dalle associazioni e i relativi supplenti sono annualmente estratti a sorte dalla Banca d'Italia nell'ambito dei componenti dei singoli Collegi. L'elenco dei componenti il Collegio di coordinamento e dei relativi supplenti è pubblicato sul sito web dell'ABF.

Le funzioni di presidente del Collegio di coordinamento sono svolte dal più anziano tra i presidenti dei singoli Collegi. L'anzianità si determina in base alla permanenza nella carica o, in caso di uguale permanenza, in base all'età anagrafica.

Qualora i singoli Collegi intendano discostarsi da una decisione presa dal Collegio di coordinamento, essi esplicitano nella motivazione della decisione le ragioni per le quali ritengono che le specificità del caso concreto rendono necessaria una soluzione diversa da quella a suo tempo adottata dal Collegio di coordinamento.

Salvo quanto previsto dal presente paragrafo, al Collegio di coordinamento si applicano le regole dettate nelle presenti disposizioni per i singoli Collegi, ivi comprese quelle sul funzionamento dell'organo decidente e quelle sull'adozione e sugli effetti delle decisioni; l'attività di segreteria tecnica per il Collegio di coordinamento è affidata alla segreteria del collegio competente sul ricorso o, nel caso di contestuale presentazione di una pluralità di ricorsi, alla segreteria individuata dalla Struttura centrale di coordinamento.

Le riunioni del Collegio di coordinamento possono svolgersi anche in modalità video-conferenza.

(1) I membri designati dalle associazioni dei clienti sono due (uno sorteggiato tra i membri designati dalle associazioni dei consumatori e uno fra i membri espressi dalle associazioni delle altre categorie di clienti) e si alternano a comporre il Collegio di coordinamento secondo le medesime regole previste dal par. 4 per il funzionamento dell'organo decidente.

SEZIONE IV
SEGRETERIA TECNICA

1. Organizzazione e funzioni

L'attività ausiliaria di segreteria tecnica per l'organo decidente è svolta dalla Banca d'Italia ed è rimessa ad apposite strutture istituite presso le Sedi della Banca d'Italia di Milano, Roma e Napoli.

La segreteria tecnica:

— riceve i ricorsi presentati dalla clientela, provvedendo alla loro classificazione e all'apertura dei relativi fascicoli, e ne trasmette copia agli intermediari qualora non vi abbia già provveduto il cliente;

— riceve la documentazione relativa agli intermediari (controdeduzioni e documenti relativi alla procedura di reclamo);

— accerta completezza, regolarità e tempestività della documentazione presentata dalle parti e, ove ne ravvisi l'esigenza, chiede alle parti le necessarie integrazioni, fissando un termine per la loro produzione;

— nei casi di manifesta irricevibilità o inammissibilità del ricorso, sottopone prontamente lo stesso al presidente per l'assunzione delle determinazioni previste ai sensi della sezione VI, paragrafo 2;

— cura la formazione del fascicolo contenente il ricorso, le controdeduzioni, la documentazione presentata dalle parti, compresa quella relativa alla fase del reclamo, ed ogni altro documento ritenuto utile ai fini della decisione; il fascicolo è reso disponibile a ciascun componente il collegio prima della riunione in cui viene discusso il ricorso;

— predispone una relazione da rendere disponibile a ciascun componente del collegio prima della riunione in cui viene discusso il ricorso;

— sottopone al presidente per l'approvazione il calendario delle riunioni del collegio, tenendo conto di quanto previsto dal paragrafo 4 della precedente sezione; convoca i membri del collegio e li informa sull'agenda dei ricorsi da trattare;

— assiste alle riunioni del collegio e ne redige il verbale;

— cura le comunicazioni alle parti previste ai sensi delle presenti disposizioni, ovvero disposte dal presidente o dal collegio;

— alimenta l'archivio elettronico delle decisioni previsto dal paragrafo 2;

— provvede agli adempimenti necessari alla pubblicazione della notizia dell'inadempimento delle decisioni da parte degli intermediari secondo quanto previsto dalla sezione VI, paragrafo 4.

2. Struttura centrale di coordinamento e Relazione sull'attività

Una struttura, presso l'Amministrazione centrale della Banca d'Italia(1), coordina le segreterie tecniche, cura il buon funzionamento del sistema e, in particolare provvede:

- alle attività connesse con la nomina, la revoca e la decadenza dei componenti dell'organo decidente;

- all'informativa al pubblico sulle attività svolte dall'ABF, curando la Relazione annuale sull'attività dell'ABF (2) e l'aggiornamento del relativo sito internet, anche con riguardo alla pubblicazione delle decisioni dei collegi e delle eventuali inadempienze degli intermediari;

- al monitoraggio dei processi di lavoro e all'individuazione di linee guida, al fine di garantire l'efficienza complessiva del sistema;

- al supporto specialistico nei confronti delle segreterie tecniche, anche con riguardo a questioni concernenti l'applicazione delle presenti disposizioni;

- all'individuazione della segreteria tecnica competente nel caso di pluralità di ricorsi rimessi contestualmente al Collegio di coordinamento;

- all'assistenza tecnico-operativa ai collegi;

- all'evoluzione della procedura informatica di supporto, in collaborazione con le funzioni tecniche della Banca d'Italia;

- agli adempimenti connessi alla partecipazione dell'ABF alla rete Fin.Net di cui alla sezione VII, paragrafo 1.

(1) Area Vigilanza Bancaria e Finanziaria, Servizio Rapporti Esterni e Affari generali, Divisione

Rapporti tra Intermediari e Clienti.

(2) La Relazione riporta anche informazioni di carattere statistico sulle procedure che hanno interessato nel corso dell'anno ciascun intermediario, ivi compreso il numero delle eventuali inadempienze e quello dei ricorsi nei quali è risultato soccombente rispetto al numero totale dei ricorsi decisi nei suoi confronti.

COSTI

1. Compensi ai componenti dell'organo decidente

Ciascun membro dell'organo ha diritto a un compenso determinato dalla Banca d'Italia; gli importi sono riportati in una tabella pubblicata sul sito internet www.bancaditalia.it.

La Banca d'Italia provvede alla liquidazione dei compensi dei componenti (effettivi e supplenti) dell'organo decidente di cui alle lettere a) e c) della sezione III, paragrafo 2. Sono a carico delle associazioni degli intermediari i compensi dei membri da esse designati.

Gli intermediari che non aderiscono alle associazioni degli intermediari versano il proprio contributo all'associazione alla quale gli stessi hanno fatto riferimento in sede di adesione all'ABF (cfr. sezione II). L'importo viene determinato dall'associazione al termine di ciascun anno solare in base al costo complessivo relativo ai componenti da essa designati, ripartito per il numero totale degli intermediari aderenti e di quelli non aderenti che a detta associazione hanno fatto riferimento.

L'associazione degli intermediari comunica alla segreteria tecnica gli intermediari che non hanno versato il contributo relativo ai componenti da essa designati per l'adozione dei provvedimenti previsti alla sezione VI, paragrafo 4.

2. Contributo alle spese della procedura

Il ricorso è gratuito per i clienti, salvo il versamento di un importo pari a 20 euro per contributo alle spese della procedura; il ricorso deve essere corredato, a pena di irricevibilità, dalla documentazione attestante l'avvenuto pagamento. Il collegio, qualora accolga il ricorso in tutto o in parte, prevede che l'intermediario:

a) rimborsi al ricorrente il contributo versato;

b) versi un importo pari a 200 euro per contributo alle spese della procedura.

La Banca d'Italia può rivedere la misura di detti importi alla luce dell'esperienza applicativa dell'Arbitro Bancario Finanziario.

Il versamento dei contributi alle spese della procedura è effettuato secondo modalità pubblicate sul sito internet dell'ABF.

L'inosservanza da parte dell'intermediario delle previsioni di cui alle lettere a) e b) costituisce inadempienza alla decisione del collegio.

PROCEDIMENTO E DECISIONE

1. Avvio del procedimento

Il ricorso all'ABF è preceduto da un reclamo preventivo all'intermediario (1). Il reclamo è effettuato secondo le modalità previste dalla disciplina di trasparenza dei servizi bancari e finanziari. Inoltre, le procedure interne adottate dall'intermediario devono assicurare che l'ufficio o il responsabile della gestione dei reclami:

- si mantenga costantemente aggiornato in merito agli orientamenti seguiti dall'organo decidente, attraverso la consultazione dell'archivio elettronico delle decisioni dei collegi pubblicato su internet ai sensi della sezione IV, paragrafo 2;
- valuti i reclami pervenuti anche alla luce dei predetti orientamenti, verificando se la questione sottoposta dal cliente rientri in fattispecie analoghe a quelle già decise dai collegi e considerando le soluzioni adottate in tali casi.

Il cliente rimasto insoddisfatto o il cui reclamo non abbia avuto esito nel termine di 30 giorni dalla sua ricezione da parte dell'intermediario può presentare ricorso all'Arbitro Bancario Finanziario, anche senza avvalersi dell'assistenza di un avvocato. Il ricorso all'ABF non può essere proposto qualora siano trascorsi più di 12 mesi dalla presentazione del reclamo all'intermediario, ferma restando la possibilità di presentare un nuovo reclamo dopo la scadenza di questo termine. Il ricorso deve avere ad oggetto la stessa questione esposta nel reclamo; il cliente può chiedere nel ricorso il risarcimento del danno anche quando tale richiesta non sia stata formulata nel reclamo, qualora il danno lamentato sia conseguenza immediata e diretta della medesima condotta dell'intermediario segnalata nel reclamo.

Il ricorso è sottoscritto dal cliente e può essere presentato, per conto di questi, da un'associazione di categoria alla quale il cliente medesimo aderisca, dal rappresentante legale o da un soggetto munito di procura, che può essere conferita anche nel ricorso. Esso è redatto utilizzando la modulistica pubblicata sul sito internet dell'ABF e reperibile presso tutte le Filiali della Banca d'Italia aperte al pubblico (2) e può essere, alternativamente:

a) inviato direttamente, secondo le modalità indicate sulla modulistica, alla segreteria tecnica del collegio competente (3) o a qualunque Filiale della Banca d'Italia, che provvede a inoltrarlo senza indugio alla segreteria tecnica del collegio competente;

b) presentato presso tutte le Filiali della Banca d'Italia aperte al pubblico, che provvedono come sopra.

(1) Sono tuttavia ammissibili i ricorsi proposti in assenza di reclamo all'intermediario relativi a controversie pendenti davanti all'autorità giudiziaria per le quali il giudice abbia rilevato il mancato esperimento della condizione di procedibilità di cui all'art. 5, comma 1, del decreto legislativo 4 marzo 2010, n. 28.

(2) L'elenco è pubblicato sul sito internet dell'ABF.

(3) La zona di competenza territoriale di ciascun collegio è definita ai sensi della sezione III, par. 1.

Il cliente che abbia proposto un ricorso ai sensi della presente disciplina ne dà tempestiva comunicazione all'intermediario; qualora dalla documentazione inviata insieme al ricorso non risulti che tale comunicazione è stata effettuata, la segreteria tecnica che ha ricevuto il ricorso provvede essa stessa a trasmetterne tempestivamente copia all'intermediario. Entro 30 giorni dalla ricezione, l'intermediario trasmette alla competente segreteria tecnica le proprie controdeduzioni unitamente a tutta la documentazione utile ai fini della valutazione del ricorso, ivi compresa quella relativa alla fase di reclamo. Se l'intermediario aderisce a un'associazione degli intermediari, le controdeduzioni e la citata documentazione sono trasmesse, entro il medesimo termine di 30 giorni, alla predetta associazione, che entro 15 giorni dalla ricezione delle stesse provvede a inoltrarle alla segreteria tecnica.

La segreteria tecnica trasmette al ricorrente copia delle controdeduzioni.

Il ruolo svolto dalle associazioni di categoria dei clienti o degli intermediari nell'ambito della procedura di ricorso può consistere in un controllo di completezza e regolarità formale della documentazione da presentare e in una funzione di raccordo con la segreteria tecnica; le associazioni dei clienti possono, inoltre, fornire assistenza agli aderenti nella redazione del ricorso; sono in ogni caso escluse valutazioni inerenti il merito della controversia o volte a prospettare i possibili contenuti della decisione del collegio.

Qualora il ritardo o l'assenza della documentazione dovuta dall'intermediario

- anche a seguito di eventuali richieste di integrazione da parte della segreteria tecnica - rendano impossibile una pronuncia sul merito della controversia, l'organo decidente valuta la condotta dell'intermediario sotto il profilo della mancata cooperazione di quest'ultimo allo svolgimento della procedura, anche ai fini di quanto previsto dal paragrafo 4.

2. Svolgimento della procedura

Il presidente, al quale il ricorso sia stato trasmesso dalla segreteria tecnica ai sensi della sezione IV, paragrafo 1, ove rilevi la manifesta irricevibilità o inammissibilità del ricorso (1), lo dichiara inammissibile. Se, viceversa, il presidente rileva irregolarità sanabili o l'incompletezza della documentazione presentata, fissa un termine per la regolarizzazione o per le integrazioni necessarie e restituisce il ricorso alla segreteria tecnica. Decorso inutilmente il predetto termine, il ricorso è dichiarato inammissibile dal presidente.

La segreteria tecnica territorialmente competente cura gli adempimenti ed esercita i compiti previsti dalla sezione IV, paragrafo 1 esclusivamente sulla base della documentazione prodotta dalle parti.

Il collegio si pronuncia sul ricorso entro 60 giorni dalla data in cui la segreteria tecnica ha ricevuto le controdeduzioni o, in mancanza, dalla scadenza del termine previsto dal paragrafo 1 per la presentazione di queste ultime da parte dell'intermediario o dell'associazione alla quale il medesimo aderisca.

Il termine di 60 giorni può essere sospeso una o più volte, e in ogni caso per un periodo complessivamente non superiore a 60 giorni, dalla segreteria tecnica, nel corso della fase preparatoria, dal presidente ai fini della regolarizzazione del ricorso o dal collegio per chiedere ulteriori elementi alle parti.

Il collegio, d'ufficio o su istanza di parte, dichiara l'interruzione del procedimento qualora il ricorrente, in relazione alla medesima controversia, comunichi di aver promosso o di aver aderito a un tentativo di conciliazione o di mediazione ai sensi di norme di legge. Se la conciliazione non riesce, il ricorso può essere riproposto senza necessità di un nuovo reclamo all'intermediario. In tal caso, le parti possono fare rinvio alla documentazione già presentata in occasione della precedente procedura di ricorso. Qualora la controversia sia sottoposta dall'intermediario all'autorità giudiziaria (1) ovvero a giudizio arbitrale nel corso del procedimento, la segreteria tecnica richiede al ricorrente di dichiarare se questi abbia comunque interesse alla prosecuzione del procedimento dinanzi all'organo decidente. Ove il ricorrente non abbia manifestato il proprio interesse in tal senso entro

30 giorni dalla richiesta, il collegio dichiara l'estinzione del procedimento. In caso contrario, il procedimento prosegue nonostante l'instaurazione del giudizio o dell'arbitrato.

In caso di rinuncia al ricorso, inequivocabilmente espressa dal ricorrente (o dal suo rappresentante in possesso di specifica procura), il collegio dichiara l'estinzione del procedimento. Se le parti raggiungono un accordo prima della decisione sul ricorso ovvero la pretesa del ricorrente risulta pienamente soddisfatta, il collegio dichiara, anche d'ufficio, la cessazione della materia del contendere.

La segreteria tecnica dà tempestiva comunicazione alle parti della dichiarazione di interruzione, di estinzione o di cessazione della materia del contendere.

(1) La manifesta irricevibilità o inammissibilità ricorre nei casi di palese incompletezza, irregolarità o intempestività del ricorso, ad esempio: a) ricorsi che palesemente non rientrino nella competenza dell'ABF; b) ricorsi proposti oltre la scadenza del termine di 12 mesi dalla presentazione del reclamo all'intermediario; c) ricorsi in cui sia indeterminato il cliente o l'intermediario oppure proposti nei confronti di soggetti che non sono intermediari; d) ricorsi in cui manchi la contestazione di un comportamento dell'intermediario; e) ricorsi per i quali non sia attestato il versamento del contributo spese di 20 euro; f) ricorsi presentati senza utilizzare l'apposita modulistica oppure privi di firma.

3. Decisione sul ricorso

La decisione sul ricorso è assunta sulla base della documentazione raccolta nell'ambito dell'istruttoria, applicando le previsioni di legge e regolamentari in materia, nonché eventuali codici di condotta ai quali l'intermediario aderisca. Essa può contenere indicazioni volte a favorire le relazioni tra intermediari e clienti.

La decisione, corredata della relativa motivazione, è comunicata alle parti entro 30 giorni dalla pronuncia. Se il presidente così dispone, alle parti può essere comunicato prontamente il dispositivo e, successivamente, la motivazione della decisione, in ogni caso non oltre 30 giorni dalla pronuncia.

Nel caso in cui accolga il ricorso in tutto o in parte, il collegio fissa il termine entro il quale l'intermediario deve adempiere alla decisione; in mancanza di fissazione del termine, l'intermediario è tenuto ad adempiere entro 30 giorni dalla comunicazione della decisione completa della motivazione.

Resta ferma la facoltà per entrambe le parti di ricorrere all'autorità giudiziaria ovvero ad ogni altro mezzo previsto dall'ordinamento per la tutela dei propri diritti e interessi.

(1) L'estinzione del procedimento opera soltanto se il giudice non dichiara entro la prima udienza l'improcedibilità della domanda giudiziale per il mancato esperimento della condizione di procedibilità, fissando alle parti i termini di cui all'art. 5, comma 1, del d.lgs. n. 28/2010.

4. Pubblicità dell'inadempimento

Entro il termine fissato per l'adempimento ai sensi del paragrafo 3, l'intermediario comunica alla segreteria tecnica le azioni poste in essere per dare attuazione alla decisione del collegio. Gli intermediari che aderiscono alle associazioni degli intermediari possono effettuare la comunicazione per il loro tramite.

Qualora risulti l'inadempimento dell'intermediario e nei casi dubbi, la segreteria tecnica ne informa il collegio; ove quest'ultimo accerti l'inadempimento, ne viene data notizia secondo le modalità stabilite dal presente paragrafo.

Viene resa pubblica, altresì, la mancata cooperazione al funzionamento della procedura da parte dell'intermediario. Tra i casi di mancata cooperazione rientrano, ad esempio, l'omissione o il ritardo nell'invio della documentazione richiesta che abbiano reso impossibile una pronuncia sul merito della controversia, o il mancato versamento dei contributi previsti dalla sezione V, paragrafo 1.

La notizia dell'inadempienza dell'intermediario o della sua mancata cooperazione è pubblicata sul sito internet dell'ABF e, a cura e spese dell'intermediario, in due quotidiani ad ampia diffusione nazionale. Nel caso in cui sia stata comunicata la sottoposizione della controversia all'Autorità giudiziaria, ne viene fatta menzione in sede di pubblicazione.

5. Correzione della decisione e altre richieste delle parti

La parte interessata può, entro 30 giorni dalla comunicazione della decisione completa della motivazione di cui alla sez. VI, par. 3, chiederne la correzione nei soli casi in cui essa sia affetta da omissioni o errori materiali o di calcolo.

La richiesta di correzione è inviata alla segreteria tecnica del collegio che ha adottato la decisione.

La richiesta è esaminata in via preliminare dal presidente o da un componente del collegio da lui delegato il quale, se rileva la manifesta insussistenza dei presupposti per la correzione, dichiara la richiesta inammissibile. Negli altri casi, la richiesta viene dichiarata ammissibile. La segreteria tecnica dà notizia alle parti della dichiarazione di inammissibilità o di ammissibilità.

La dichiarazione di ammissibilità interrompe il termine a carico dell'intermediario per l'adempimento della decisione. Nel trasmettere alle parti la dichiarazione di ammissibilità della richiesta di correzione, la segreteria tecnica comunica loro il verificarsi dell'interruzione.

Il collegio si pronuncia sulla richiesta entro 30 giorni dalla dichiarazione di ammissibilità. La pronuncia è comunicata dalla segreteria tecnica alle parti.

Se la pronuncia accoglie la richiesta di correzione, integra la decisione. Qualora la decisione richieda un adempimento da parte dell'intermediario, il collegio fissa il relativo termine, che decorre dalla data della comunicazione della pronuncia.

Eventuali altre richieste o comunicazioni delle parti conseguenti alla decisione vengono sottoposte dalla segreteria tecnica al presidente del collegio; quest'ultimo fornisce indicazioni in ordine alla risposta da indirizzare alle parti oppure sottopone la questione al collegio per le opportune determinazioni.

SEZIONE VI-BIS

SEGNALAZIONE DEL PREFETTO ALL'ARBITRO BANCARIO FINANZIARIO

1. Premessa

L'articolo 27-bis, comma 1-quinquies, del decreto legge 24 gennaio 2012, n. 1, convertito con modificazioni dalla legge 24 marzo 2012, n. 27, come modificato dal decreto legge 24 marzo 2012, n. 29, convertito con modificazioni dalla legge 18 maggio 2012, n. 62, prevede quanto segue:

"Ove lo ritenga necessario e motivato, il prefetto segnala all'Arbitro bancario e finanziario, istituito ai sensi dell'art. 128- bis del testo unico di cui al decreto legislativo 1° settembre 1993, n. 385, specifiche problematiche relative ad operazioni e servizi bancari e finanziari. La segnalazione avviene a seguito di istanza del cliente in forma riservata e dopo che il prefetto ha invitato la banca in questione, previa informativa sul merito dell'istanza, a fornire una risposta argomentata sulla meritevolezza del credito. L'Arbitro si pronuncia non oltre trenta giorni dalla segnalazione."

La previsione di legge si applica ai rapporti tra banche e clienti nei casi in cui la contestazione alla banca tragga origine dalla mancata erogazione, dal mancato incremento o dalla revoca di un finanziamento, dall'inasprimento delle condizioni applicate a un rapporto di finanziamento o da altri comportamenti della banca conseguenti alla valutazione del merito di credito del cliente.

La disciplina contenuta nell'articolo 27-bis, comma 1-quinquies, del decreto legge 24 gennaio 2012, n. 1, prevede che la procedura di ricorso all'ABF sia avviata a seguito della segnalazione del prefetto. Rimane fermo il diritto del cliente di adire direttamente l'ABF, secondo le procedure ordinarie, fino al momento in cui il prefetto non abbia trasmesso la segnalazione.

La legge comporta la deroga alle procedure ordinarie in relazione al ruolo assegnato ai prefetti nella procedura davanti all'Arbitro Bancario Finanziario e al termine di 30 giorni entro il quale deve essere assunta la decisione; nei paragrafi successivi si riportano le regole speciali che conseguono direttamente alla previsione di legge e quelle rese necessarie da esigenze di coordinamento di quest'ultima con la disciplina generale sull'ABF. Rimane ferma, in quanto non espressamente derogata dalla legge, la disciplina sull'ABF contenuta nell'articolo

128-bis del TUB, nella deliberazione del CICR 29 luglio 2008, n. 275, e nelle presenti disposizioni. Si applicano, in particolare, le disposizioni contenute nella Sezione I, paragrafo 4, relativamente al valore delle controversie che possono essere sottoposte all'ABF, e quelle contenute nella Sezione VI, paragrafo 3, in tema di criteri per la decisione sul ricorso.

Ove non diversamente specificato dalla presente sezione, rimangono ferme le disposizioni che attribuiscono al cliente oneri e diritti nell'ambito della procedura.

2. Presentazione del ricorso all'ABF

La procedura di ricorso all'ABF è avviata dal prefetto, che a tal fine trasmette alla segreteria tecnica del collegio competente una segnalazione contenente la seguente documentazione:

a) l'istanza con la quale il cliente, secondo le modalità stabilite dall'Amministrazione degli Interni, chiede al prefetto di avviare la procedura prevista dall'articolo 27-bis, comma 1-quinquies, del decreto legge 24 gennaio 2012, n. 1;

b) l'invito a fornire una risposta argomentata sulla meritevolezza del credito che il prefetto ha formulato alla banca ai sensi dell'articolo 27-bis, comma 1-quinquies, del decreto legge 24 gennaio 2012, n. 1;

c) la risposta della banca all'invito indicato alla lettera b), nella quale essa è tenuta a formulare osservazioni anche sugli eventuali rilievi sollevati dal cliente o dal prefetto;

d) una relazione con la quale il prefetto motiva le ragioni per le quali ritiene necessario sottoporre la questione all'ABF e riporta l'oggetto del ricorso. Qualora il prefetto intenda formulare richieste o indicare fatti sui quali la banca non ha avuto modo di esprimere le proprie difese nella risposta di cui al punto c), il prefetto acquisisce le controdeduzioni della banca su tali aspetti, ne tiene conto ai fini della relazione e le invia alla segreteria tecnica, unitamente alla documentazione indicata ai punti precedenti.

Il prefetto può effettuare la segnalazione all'ABF anche se la banca non fornisce la risposta prevista al punto c) o le controdeduzioni indicate al punto d) entro 30 giorni dalla ricezione della relativa richiesta ovvero entro il diverso termine fissato dall'Amministrazione degli Interni.

La segnalazione del prefetto è inviata contestualmente al cliente e alla banca. Ai ricorsi proposti ai sensi della presente sezione non si applicano:

- la sezione V, paragrafo 2, limitatamente al contributo alle spese di procedura a carico del cliente;
- le disposizioni sul reclamo e sulle modalità di presentazione del ricorso contenute nella sezione VI, paragrafo 1.

3. Svolgimento della procedura e decisione sul ricorso

La segreteria tecnica territorialmente competente cura gli adempimenti ed esercita le funzioni previste dalla sezione IV, paragrafo 1. Essa, in particolare, cura la formazione del fascicolo da sottoporre ai componenti del collegio, nel quale la relazione del prefetto tiene luogo della relazione di cui alla sezione IV, paragrafo 1.

Qualora la segreteria tecnica ravvisi l'esigenza di integrazioni ovvero quando il presidente rilevi irregolarità sanabili o l'incompletezza della documentazione, viene fissato il termine per la regolarizzazione o per le integrazioni necessarie.

Il collegio si pronuncia sulla segnalazione del prefetto entro 30 giorni dalla data della sua ricezione da parte della segreteria tecnica. Tale termine può essere sospeso una o più volte secondo quanto previsto dal paragrafo 3 della sezione VI, in ogni caso per un periodo complessivamente non superiore a 30 giorni.

La segreteria tecnica comunica la decisione sul ricorso alle parti, secondo quanto previsto nel paragrafo 3 della sezione VI, e, per conoscenza, al prefetto.

SEZIONE VII
DISPOSIZIONI FINALI

1. Adesione alla rete Fin.Net

L'Arbitro Bancario Finanziario aderisce alla rete Fin.Net (1). La rete, volta a favorire lo sviluppo e la cooperazione dei sistemi di alternative dispute resolution (ADR) nell'ambito dello spazio economico europeo, è composta da organismi di risoluzione stragiudiziale delle controversie operanti nei settori bancario, finanziario e assicurativo insediati nei diversi Stati membri; essa permette al consumatore di rivolgersi al proprio sistema nazionale di ADR, il quale, avvalendosi del supporto informativo fornito dalla rete stessa, lo mette in collegamento - se esistente - con il sistema equivalente nel Paese in cui opera l'intermediario.

In virtù dell'adesione alla rete Fin.Net, il cliente italiano che intenda presentare un ricorso stragiudiziale nei confronti di un intermediario estero il quale, ai sensi della sezione II, non sia tenuto ad aderire all'ABF, può contattare la segreteria tecnica. Questa verifica se l'intermediario estero aderisca a un sistema stragiudiziale facente parte della rete Fin.Net e, in caso positivo, fornisce al cliente ogni informazione utile sul funzionamento della rete, presta assistenza al medesimo nella predisposizione del ricorso, cura le comunicazioni tra il cliente e il sistema di ADR competente per la trattazione del ricorso e, su richiesta di quest'ultimo, fornisce collaborazione tecnica e giuridica in ordine alle questioni oggetto del ricorso.

Sempre in virtù dell'adesione alla rete Fin.Net, l'ABF può essere adito in relazione a controversie promosse da clienti residenti o domiciliati in altro Stato membro, qualora ciò sia previsto dalla disciplina di tale Stato.

(1) La rete Fin.Net è stata promossa dalla Commissione europea a partire dal 2001, in attuazione della propria Raccomandazione del 30 marzo 1998 riguardante i principi applicabili agli organi responsabili per la risoluzione extragiudiziale delle controversie in materia di consumo.

2. Trasparenza e contratti

Gli intermediari forniscono alla clientela adeguata informativa in merito alle procedure di ricorso, richiamando nella documentazione di trasparenza (cfr. la "Disciplina di trasparenza dei servizi bancari e finanziari") il diritto del cliente di adire l'ABF e riportando le informazioni necessarie per contattare il medesimo (indirizzi, numeri di telefono, sito internet).

Il diritto di ricorrere all'ABF non può formare oggetto di rinuncia da parte del cliente e deve essere espressamente previsto nel contratto se questo contiene clausole compromissorie o concernenti il ricorso ad altri meccanismi di risoluzione stragiudiziale delle controversie.

3. Sospensione dei termini

Tutti i termini previsti dalle presenti disposizioni sono sospesi ogni anno dal 1° al 31 agosto e dal 23 dicembre al 6 gennaio.

Arbitro Bancario Finanziario

Sistema di risoluzione stragiudiziale delle controversie istituito ai sensi dell'art. 128-bis del decreto legislativo 1° settembre 1993, n. 385

Codice deontologico per i componenti dell'Organo decidente

I. Regole generali

Art. 1

Ambito di applicazione

1. Il presente codice individua valori e principi fondamentali e stabilisce regole deontologiche per i componenti dell'Organo decidente dell'Arbitro Bancario Finanziario, sistema di risoluzione stragiudiziale delle controversie istituito ai sensi dell'art. 128-bis del decreto legislativo 1° settembre 1993, n. 385.

Art. 2

Valori e principi fondamentali

1. I componenti dei collegi in cui si articola l'Organo decidente ispirano la propria condotta a dignità, lealtà e correttezza.

2. Nello svolgimento delle funzioni, rispettano i principi di indipendenza, imparzialità, discrezione e disinteresse personale.

3. Consapevoli della natura pubblica delle funzioni svolte e del rilievo dei propri compiti e responsabilità, essi tengono comportamenti tali da salvaguardare e promuovere la reputazione del Sistema stragiudiziale e la fiducia dell'opinione pubblica nei confronti dello stesso.

Art. 3

Rapporti con i cittadini

1. Nei confronti dei cittadini, i componenti dei collegi tengono un comportamento disponibile e rispettoso della dignità altrui. Respingono ogni indebita pressione, segnalazione o sollecitazione

comunque diretta a influire sui tempi e sui modi di svolgimento delle funzioni.

Art. 4

Dovere di operosità

1. I componenti dei collegi svolgono le proprie funzioni con diligenza e prestano il proprio servizio con impegno attivo e costante, in modo da favorire la funzionalità e l'efficienza del Sistema stragiudiziale.

Arbitro Bancario Finanziario

Art. 5

Impiego delle risorse

1. I componenti dei collegi si adoperano affinché i mezzi, le dotazioni e le risorse materiali siano impiegati in modo da perseguire l'efficienza del sistema stragiudiziale.

Art. 6

Riservatezza e utilizzo di informazioni di ufficio

1. I componenti dei collegi non forniscono informazioni sul contenuto di attività istruttorie in corso e in merito a decisioni da assumere prima che esse siano state formalmente comunicate alle parti. Essi non utilizzano indebitamente le informazioni di cui dispongono in ragione delle funzioni svolte.

Art. 7

Rapporti con la stampa

1. Nei rapporti con la stampa e con altri mezzi di comunicazione di massa, i componenti dei collegi non sollecitano la pubblicità di notizie attinenti alle funzioni svolte. Essi si astengono dal fornire pubblicamente notizie sulle opinioni espresse durante le sedute dei collegi.

2. Nel rilasciare dichiarazioni e interviste aventi a oggetto informazioni non riservate, i componenti dei collegi tengono in debito conto il ruolo

da essi ricoperto. Evitano la costituzione o l'utilizzazione di canali informativi personali riservati o privilegiati.

II. Indipendenza, imparzialità, correttezza

Art. 8

Indipendenza

1. I componenti dei collegi garantiscono e difendono l'indipendente svolgimento delle proprie funzioni.

2. Nell'assunzione delle decisioni, respingono eventuali pressioni indebite ed evitano di creare o di fruire di situazioni di privilegio, ispirandosi a criteri di trasparenza.

3. Non accettano incarichi né espletano attività in grado di compromettere il pieno e corretto svolgimento delle proprie funzioni ovvero che per la natura, la fonte o le modalità di conferimento possano comunque condizionarne l'indipendenza o comportare un danno all'immagine del collegio. Nel caso in cui una tale eventualità si verifichi nel corso del mandato, gli interessati ne danno immediata comunicazione al Presidente del collegio e alla Banca d'Italia.

4. Nell'ambito di contributi scientifici o accademici in materie attinenti all'ufficio ricoperto, i componenti dei collegi chiariscono che le opinioni espresse hanno carattere personale e non rappresentano la posizione del collegio.

Art. 9

Imparzialità

1. I componenti dei collegi operano con imparzialità ed evitano trattamenti di favore. A tal fine, non intrattengono con soggetti coinvolti o interessati dall'attività svolta rapporti tali da poter compromettere la propria autonomia di giudizio o comunque tali da vulnerare la propria imparzialità.

2. Assicurano che nell'esercizio delle funzioni la propria immagine di imparzialità sia sempre pienamente garantita e valutano con massimo rigore la ricorrenza di situazioni di possibile conflitto di interessi.

3. Un conflitto di interessi si configura allorché i componenti dei collegi hanno un interesse privato o personale che possa influire o sembri influire sulla loro imparzialità e obiettività nell'assolvimento dei compiti ad essi assegnati.

Art. 10

Correttezza

1. I componenti dei collegi tengono sempre un comportamento corretto e mantengono rapporti formali e rispettosi della diversità dei ruoli svolti. Essi collaborano con il Presidente del proprio collegio per assicurare la migliore organizzazione dei lavori.

2. Non si avvalgono del proprio ruolo per ottenere benefici o privilegi e non accettano, per sé e per altri, vantaggi, regali o altre utilità da parte di soggetti in qualsiasi modo interessati all'attività svolta.

III. La condotta nello svolgimento delle funzioni

Art. 11

La condotta nel procedimento

1. Nell'esercizio delle funzioni i componenti dei collegi svolgono il proprio ruolo con pieno rispetto di quello altrui, anche assicurando la puntuale partecipazione alle riunioni e l'osservanza degli orari prefissati.

2. Ciascuno ascolta le opinioni degli altri componenti del collegio, agisce con il massimo scrupolo e cura di raggiungere, nel rispetto della legge e dei termini fissati per la procedura, esiti di giustizia per tutte le parti della controversia.

3. I componenti dei collegi esaminano adeguatamente i fatti e gli argomenti prospettati dalle parti nonché l'istruttoria tecnica predisposta dalla segreteria e assicurano che la motivazione delle decisioni esponga fedelmente le ragioni della determinazione collegiale.

4. Nello svolgimento delle riunioni e nelle motivazioni delle decisioni, evitano di pronunciarsi su persone o fatti estranei all'oggetto della controversia.

5. In caso di conflitto di interessi rispetto alle parti o alle questioni oggetto della controversia ovvero di impedimento alla partecipazione alle riunioni, ciascun componente del collegio comunica l'esistenza del conflitto o dell'impedimento in tempo utile per la convocazione del relativo supplente.

IV. Disposizioni finali

Art. 12

Vigilanza sull'applicazione del codice

1. La Banca d'Italia, valutate tutte le circostanze rilevanti, può dichiarare la decadenza dall'ufficio dei componenti del collegio che abbiano violato le disposizioni del presente codice.

Art. 13

Norma di chiusura

1. Le disposizioni del presente codice costituiscono esemplificazioni dei comportamenti più ricorrenti e non limitano l'applicazione delle regole generali in esso espresse.

2. Il presente codice viene pubblicato sul sito internet della Banca d'Italia e dell'Arbitro Bancario Finanziario.

PARTE QUARTA

I QUIZ

a cura di Mario Tocci*****

*****Mario Tocci - avvocato del Foro di Cosenza e docente di diritto sportivo nella Libera Università delle Scienze Umane e Tecnologiche di Lugano - è il curatore generale dell'opera.*

1) L'Arbitro Bancario Finanziario è:

a) un sistema di risoluzione delle controversie tra gli operatori e gli utenti del credito

b) un organo consultivo della Banca d'Italia per gli operatori del credito

c) un organo consultivo della Banca Centrale Europea per gli operatori del credito

d) un sistema di risoluzione delle controversie inerenti i rapporti di lavoro dei dipendenti degli istituti bancari

RISPOSTA ESATTA: A

2) L'Arbitro Bancario Finanziario è stato istituito:

a) con Regolamento Comunitario

b) con circolare interna della Banca d'Italia

c) con legge ordinaria

d) con decreto del Ministro dell'Economia

RISPOSTA ESATTA: C

3) La Segreteria Tecnica dell'Arbitro Bancario Finanziario è insediata presso:

a) il Ministero dell'Economia

b) la Banca d'Italia a livello centrale

c) la Banca Centrale Europea

d) ciascuna sede della Banca d'Italia ove sia presente un'articolazione territoriale

RISPOSTA ESATTA: D

4) L'adesione degli operatori del credito all'Arbitro Bancario Finanziario è

a) facoltativa

b) obbligatoria per tutti

c) obbligatoria soltanto per le banche

d) obbligatoria soltanto per gli intermediari finanziari diversi dalle banche

RISPOSTA ESATTA: B

5) Le articolazioni territoriali dell'Arbitro Bancario Finanziario si definiscono:

a) dipendenze

b) unità operative

c) collegi

d) sezioni

RISPOSTA ESATTA: C

6) L'utente del credito residente in Cosenza e domiciliato in Sassari deve adire l'Arbitro Bancario Finanziario nella sua articolazione territoriale di:

a) Roma o Napoli, indifferentemente

b) Roma o Napoli, previa indicazione della Banca d'Italia

c) Roma

d) Napoli

RISPOSTA ESATTA: C

7) L'utente del credito nato a Milano e domiciliato in Ungheria deve adire l'Arbitro Bancario Finanziario nella sua articolazione territoriale di:

a) Roma

b) Indicata dalla Banca d'Italia

c) Milano

d) Roma o Milano, indifferentemente

RISPOSTA ESATTA: A

8) L'Arbitro Bancario Finanziario ha potestà di pronuncia di condanne risarcitorie:

a) sempre

b) mai

c) purché i danni di cui sia chiesto il ristoro siano conseguenza immediata e diretta dell'inadempimento o della violazione dell'intermediario

d) purché i danni di cui sia chiesto il ristoro non abbiano ammontare superiore ad Euro 50.000,00 (cinquantamila/00)

RISPOSTA ESATTA: C

9) La competenza territoriale delle articolazioni periferiche dell'Arbitro Bancario Finanziario è

a) indicativa e derogabile

b) inderogabile

c) derogabile per gli utenti del credito che siano persone fisiche, inderogabile per gli utenti del credito che siano persone giuridiche

d) inderogabile per gli utenti del credito che siano persone fisiche, derogabile per gli utenti del credito che siano persone giuridiche

RISPOSTA ESATTA: B

10) Il domicilio dell'utente del credito ai fini della procedura innanzi all'Arbitro Bancario Finanziario è quello:

a) inteso in accezione civilistica

b) indicato nel reclamo prodromico al ricorso

c) indicato nel ricorso

d) coincidente con la residenza ovvero con l'indirizzo della sede legale

RISPOSTA ESATTA: C

11) Il Collegio di coordinamento dell'Arbitro Bancario Finanziario è competente per la trattazione dei ricorsi:

a) di particolare importanza oppure atti a determinare decisioni difformi dagli orientamenti maggioritari

b) di particolare importanza, secondo l'insindacabile valutazione della Banca d'Italia

c) atti a determinare decisioni difformi dagli orientamenti maggioritari

d) proposti per il tramite di un avvocato

RISPOSTA ESATTA: A

12) Alla presidenza del Collegio di coordinamento dell'Arbitro Bancario Finanziario è chiamato:

a) un presidente di articolazione territoriale scelto dal Governatore della Banca d'Italia

b) un presidente di articolazione territoriale scelto dal Direttore Generale della Banca d'Italia

c) un presidente di articolazione territoriale sorteggiato presso la Banca d'Italia

d) il presidente dell'articolazione territoriale più anziano per carica o, in subordine, per età

RISPOSTA ESATTA: D

13) Le riunioni del Collegio di coordinamento dell'Arbitro Bancario Finanziario si tengono:

a) a Roma

b) a Milano

c) a Napoli

d) non in un posto preciso ed anche in modalità video-conferenza

RISPOSTA ESATTA: D

14) Le controversie devolvibili alla cognizione dell'Arbitro Bancario Finanziario hanno limiti di valore:

a) si, poiché l'eventuale somma oggetto di contestazione tra le parti non può essere superiore ad Euro 100.000,00 (centomila/00)

b) si, poiché l'eventuale somma oggetto di contestazione tra le parti non può essere superiore ad Euro 10.000,00 (diecimila/00)

c) si, poiché l'eventuale somma oggetto di contestazione tra le parti non può essere superiore ad Euro 50.000,00 (cinquantamila/00)

d) no

RISPOSTA ESATTA: A

15) L'Arbitro Bancario Finanziario può decidere in merito a questione già sottoposta alla cognizione dell'Autorità Giudiziaria:

a) si, purché vi sia stata autorizzazione del magistrato procedente

b) no

c) si, purché vi sia stata autorizzazione del Procuratore della Repubblica insediato presso il Tribunale nel cui Circondario sia ubicato l'ufficio del magistrato procedente

d) si, purché vi sia stata autorizzazione del Procuratore Generale della Repubblica insediato presso la Corte d'Appello nel cui Distretto sia ubicato l'ufficio del magistrato procedente

RISPOSTA ESATTA: B

16) L'Arbitro Bancario Finanziario può decidere in merito a questione già sottoposta alla cognizione di un arbitro:

a) si, purché vi sia stata autorizzazione del Procuratore della Repubblica insediato presso il Tribunale nel cui Circondario sia ubicata la sede dell'arbitrato

b) si, purché vi sia stata autorizzazione del Procuratore Generale della Repubblica insediato presso la Corte d'Appello nel cui Distretto sia ubicata la sede dell'arbitrato

c) si, purché vi sia stata autorizzazione dell'organo arbitrale procedente

d) no

RISPOSTA ESATTA: D

17) L'Arbitro Bancario Finanziario aderisce alla rete Fin.Net:

a) no

b) si, ma previa annuale conferma di adesione della Banca d'Italia

c) si, ma previa annuale conferma di adesione della Banca d'Italia

d) si

RISPOSTA ESATTA: D

18) La rete Fin.Net è composta da:

a) organismi pubblici di risoluzione stragiudiziale delle controversie tra privati

b) organismi privati di risoluzione stragiudiziale delle controversie tra privati

c) organismi di risoluzione stragiudiziale delle controversie bancarie, finanziarie e assicurative degli Stati membri dello Spazio Economico Europeo

d) organismi di risoluzione stragiudiziale delle controversie bancarie, finanziarie e assicurative degli Stati membri dell'Unione Europea

RISPOSTA ESATTA: C

19) L'operatore del credito straniero, ancorché svolgente attività in Italia, può non aderire all'Arbitro Bancario Finanziario soltanto qualora:

a) sia stato autorizzato dalla Banca d'Italia

b) sia stato autorizzato dal Ministero dell'Economia

c) aderisca ad un organismo di risoluzione stragiudiziale delle controversie tra privati

d) aderisca ad un organismo di risoluzione stragiudiziale delle controversie aderente alla rete Fin.Net

RISPOSTA ESATTA: D

20) Le procedure innanzi all'Arbitro Bancario Finanziario possono essere instaurate da:

a) utenti del credito soltanto

b) operatori del credito soltanto

c) indifferentemente operatori ed utenti del credito

d) operatori ed utenti del credito nonché Prefetti dei luoghi di insediamento legale ovvero residenza di costoro

RISPOSTA ESATTA: A

21) L'instaurazione della procedura innanzi all'Arbitro Bancario Finanziario è soggetta a condizione di procedibilità:

a) si, consistente nella presentazione di una denuncia all'operatore del credito che si voglia convenire

b) si, consistente nella presentazione di un reclamo all'operatore del credito che si voglia convenire

c) no

d) si, consistente nella presentazione di un esposto al Ministero dell'Economia

RISPOSTA ESATTA: B

22) La condizione di procedibilità della procedura innanzi all'Arbitro Bancario Finanziario si verifica soltanto se, a seguito della presentazione dell'atto prodromico previsto all'uopo, l'operatore del credito non risponda nel termine di:

a) quaranta giorni

b) trenta giorni

c) sessanta giorni

d) dieci giorni

RISPOSTA ESATTA: B

23) La risposta insoddisfacente dell'operatore del credito all'atto dell'utente del credito prodromico all'instaurazione della procedura innanzi all'Arbitro Bancario Finanziario avvera la condizione di procedibilità della medesima:

a) no

b) si, ma bisogna attendere il decorso dei termini previsti per la mancata risposta prima di adire l'Arbitro Bancario Finanziario

c) si

d) si, purché il Prefetto del luogo di insediamento legale ovvero di residenza dell'utente del credito interessato conceda apposita autorizzazione

RISPOSTA ESATTA: C

24) Le decisioni dell'Arbitro Bancario Finanziario sono vincolanti:

a) sempre

b) si, ma previa omologa dell'Autorità Giudiziaria

c) si, ma previa convalida dell'Autorità Prefettizia

d) no

RISPOSTA ESATTA: D

25) L'informativa degli operatori del credito in ordine all'esperibilità della procedura innanzi all'Arbitro Bancario Finanziario è:

a) obbligatoria solo per le banche

b) obbligatoria

c) facoltativa

d) obbligatoria solo per gli intermediari diversi dalle banche

RISPOSTA ESATTA: B

26) Il diritto di adizione dell'Arbitro Bancario Finanziario è:

a) irrinunciabile

b) rinunciabile previa liquidazione pecuniaria

c) rinunciabile in modo incondizionato

d) rinunciabile previa autorizzazione dell'Autorità Giudiziaria

RISPOSTA ESATTA: A

27) L'ambito di applicazione della normativa di riferimento dell'Arbitro Bancario Finanziario è stato dettagliato da:

a) una circolare interna della Banca d'Italia

b) una circolare del Ministero dell'Economia

c) un decreto del Ministro dell'Economia

d) una delibera del Comitato Interministeriale per il Credito ed il Risparmio e un successivo Regolamento di Procedura della Banca d'Italia

RISPOSTA ESATTA: D

28) Si definisce "cliente" nell'ambito della normativa di riferimento dell'Arbitro Bancario Finanziario:

a) il soggetto che abbia avuto un rapporto contrattuale con un operatore del credito avente ad oggetto la prestazione di servizi bancari e finanziari

b) il soggetto che abbia in corso un rapporto contrattuale con un operatore del credito avente ad oggetto la prestazione di servizi bancari e finanziari

c) il soggetto che abbia avuto o abbia in corso un rapporto contrattuale con un operatore del credito avente ad oggetto la prestazione di servizi bancari e finanziari

d) il soggetto che abbia avuto o abbia in corso un rapporto contrattuale con un operatore del credito avente ad oggetto la prestazione di servizi finanziari

RISPOSTA ESATTA: C

29) Per "controversia", nell'ambito della normativa di riferimento dell'Arbitro Bancario Finanziario, si intende:

a) una contestazione relativa a qualsiasi operazione o servizio di natura bancaria e finanziaria, ad esclusione di quelli non assoggettati al TUB ex art. 23 comma 4 TUF

b) una contestazione relativa a qualsiasi operazione o servizio di natura bancaria e finanziaria

c) una contestazione relativa a qualsiasi operazione o servizio di natura bancaria

d) una contestazione relativa a qualsiasi operazione o servizio di natura finanziaria

RISPOSTA ESATTA: A

30) Ai fini della normativa di riferimento dell'Arbitro Bancario Finanziario, l'intermediario è:

a) qualsiasi operatore italiano del credito

b) qualsiasi operatore del credito, ancorché straniero, purché avente una sede in Italia

c) qualsiasi operatore del credito, ancorché straniero, purché svolgente attività in Italia

d) qualsiasi operatore del credito, ancorché straniero, purché svolgente attività in Italia, compresi gli istituti di moneta elettronica

RISPOSTA ESATTA: D

31) I Confidi sono evocabili innanzi all'Arbitro Bancario Finanziario:

a) no

b) si, ma soltanto in ordine ad attività riguardanti utenti del credito che siano persone giuridiche

c) si, ma soltanto in ordine ad attività riguardanti utenti del credito che siano persone fisiche

d) si

RISPOSTA ESATTA: D

32) Poste Italiane S.p.A. è evocabile innanzi all'Arbitro Bancario Finanziario:

a) si

b) si, ma soltanto relativamente alle attività di Bancoposta

c) no

d) si, ma soltanto relativamente alle attività di Bancoposta riguardanti gli utenti del credito che siano persone giuridiche

RISPOSTA ESATTA: B

33) L'organo decidente dell'Arbitro Bancario Finanziario è, effettivamente e per ciascuna articolazione territoriale, composto da:

a) quattro componenti

b) cinque componenti

c) sei componenti

d) tre componenti

RISPOSTA ESATTA: B

34) I componenti dell'organo decidente dell'Arbitro Bancario Finanziario durano in carica:

a) dieci anni

b) due anni

c) cinque anni i Presidenti di Collegio, tre anni i membri non Presidenti di Collegio

d) quattro anni

RISPOSTA ESATTA: C

35) Possono essere nominati componenti dell'organo decidente dell'Arbitro Bancario Finanziario:

a) persone di notevole esperienza e professionalità in materia bancaria e finanziaria

b) magistrati a riposo

c) docenti universitari di ruolo in materia economica

d) docenti universitari di ruolo in materia giuridica

RISPOSTA ESATTA: A

36) La Banca d'Italia ha poteri di integrazione ovvero modifica della composizione dell'organo decidente:

a) no

b) si, ma soltanto in sussistenza di specifici presupposti

c) si, incondizionatamente

d) si, ma soltanto con riferimento ai componenti di propria rappresentanza

RISPOSTA ESATTA: B

37) I componenti dell'organo decidente dell'Arbitro Bancario Finanziario sono nominati in modo da rappresentare, oltre alla Banca d'Italia:

a) il Ministero dell'Economia

b) il Ministero dell'Interno e il Ministero dell'Economia

c) il Ministero dell'Economia, i sindacati degli operatori del credito e le associazioni degli utenti del credito

d) gli utenti del credito sia quali consumatori sia quali imprenditori e gli operatori del credito

RISPOSTA ESATTA: D

38) Nell'ambito dell'organo decidente, per ciascuna articolazione territoriale, componenti supplenti dell'Arbitro Bancario Finanziario possono essere nominati in numero di:

a) uno

b) tre

c) almeno uno

d) due

RISPOSTA ESATTA: C

39) La sostituzione dei componenti dell'organo decidente dell'Arbitro Bancario Finanziario può aversi:

a) a seguito di sentenza penale di condanna passata in giudicato

b) a seguito di sentenza penale di condanna ancorché non definitiva

c) per giusta causa o a cagione di reiterate assenze

d) a cagione di reiterate assenze

RISPOSTA ESATTA: C

40) Tecnicamente il componente dell'organo decidente dell'Arbitro Bancario Finanziario che effettui reiterate assenze è:

a) revocabile

b) richiamabile

c) sospendibile

d) dichiarabile decaduto

RISPOSTA ESATTA: D

41) Tecnicamente il componente dell'organo decidente dell'Arbitro Bancario Finanziario che si renda incompatibile col proprio ufficio per giusta causa è

a) sospendibile

b) dichiarabile decaduto

c) richiamabile

d) revocabile

RISPOSTA ESATTA: D

42) Un promotore finanziario può diventare componente dell'organo decidente dell'Arbitro Bancario Finanziario:

a) si, previa autorizzazione della Banca d'Italia

b) no

c) si, purché sia da almeno un biennio indipendente

d) si, previa autorizzazione del Ministero dell'Economia e delle Finanze

RISPOSTA ESATTA: C

43) Tra i seguenti requisiti non risulta dirimente, ai fini della possibilità di nomina quale componente dell'organo decidente dell'Arbitro Bancario Finanziario:

a) il numero e la gravosità di altri incarichi ricoperti

b) l'adesione ad un partito politico

c) l'età anagrafica

d) la prossimità del luogo di residenza o domicilio con la sede del collegio

RISPOSTA ESATTA: B

44) Il soggetto che abbia riportato una condanna a pena detentiva applicata su richiesta delle parti del prodromico giudizio penale può essere nominato quale componente dell'organo decidente dell'Arbitro Bancario Finanziario:

a) no, mai

b) si

c) si, purché la pena comminata sia inferiore ai sei mesi

d) si, purché la pena comminata sia inferiore ai nove mesi

RISPOSTA ESATTA: C

45) Il provvedimento ablatorio del componente dell'organo decidente dell'Arbitro Bancario Finanziario rimosso è irrogato:

a) dal Ministero dell'Economia e delle Finanze

b) dal presidente dell'articolazione territoriale cui costui sia assegnato

c) dalla Banca d'Italia

d) dal Prefetto della provincia nella quale abbia sede l'articolazione territoriale cui costui sia assegnato

RISPOSTA ESATTA: C

46) Un direttore di banca a riposo può essere nominato quale componente dell'organo decidente dell'Arbitro Bancario Finanziario:

a) si, purché il collocamento a riposo sia avvenuto da almeno due anni

b) si, previa autorizzazione della Banca d'Italia

c) si, previa autorizzazione del Ministero dell'Economia e delle Finanze

d) no

RISPOSTA ESATTA: A

47) Un ex consigliere regionale può essere nominato quale componente dell'organo decidente dell'Arbitro Bancario Finanziario:

a) si

b) no

c) si, previa autorizzazione della Banca d'Italia

d) si, previa autorizzazione del Ministero dell'Economia e delle Finanze

RISPOSTA ESATTA: A

48) La gestione dell'atto prodromico all'instaurazione di una procedura innanzi all'Arbitro Bancario Finanziario è, nell'ambito della struttura aziendale dell'operatore del credito interessato, affidata a:

a) responsabile ufficio reclami

b) procuratore appositamente nominato

c) legale rappresentante pro tempore+

d) responsabile ufficio legale

RISPOSTA ESATTA: A

49) Ove decida di accogliere la doglianza di cui all'atto prodromico all'instaurazione della procedura innanzi all'Arbitro Bancario Finanziario, l'operatore del credito interessato deve indicare espressamente:

a) le condizioni previste per l'adempimento

b) l'oggetto della prestazione integratrice dell'adempimento

c) i tempi previsti per l'adempimento

d) il nominativo dell'incaricato del compimento della prestazione integratrice dell'adempimento

RISPOSTA ESATTA: C

50) Nella valutazione del merito dell'atto prodromico all'instaurazione della procedura innanzi all'Arbitro Bancario Finanziario, l'operatore del credito interessato deve:

a) consultare il proprio ufficio legale e fare riferimento al rispettivo responso

b) consultare la Banca d'Italia, potendo tuttavia discostarsi dal rispettivo responso

c) consultare l'Avvocatura Generale dello Stato, potendo tuttavia discostarsi dal rispettivo responso

d) consultare l'archivio delle decisioni intervenute su fattispecie analoghe a quella sottesa alla vertenza in corso e farvi riferimento

RISPOSTA ESATTA: D

51) L'adizione dell'Arbitro Bancario Finanziario può avvenire attraverso terzi rappresentanti:

a) No

b) si, per il tramite di qualsiasi terzo

c) si, per il tramite di un'associazione di categoria;

d) si, per il tramite del Difensore Civico della Regione di residenza dell'istante

RISPOSTA ESATTA: C

52) L'adizione dell'Arbitro Bancario Finanziario soggiace al pagamento di un contributo alle spese procedurali:

a) si, nella misura di Euro 20,00 (venti)

b) si, in misura variabile in base al valore della vertenza

c) si, in misura variabile in base al reddito dell'utente del credito interessato

d) no

RISPOSTA ESATTA: A

53) L'atto introduttivo della procedura innanzi all'Arbitro Bancario Finanziario è:

a) una citazione

b) un ricorso

c) un reclamo

d) un'istanza

RISPOSTA ESATTA: B

54) L'atto introduttivo della procedura innanzi all'Arbitro Bancario Finanziario sfornito di documentazione completa è:

a) inammissibile

b) irricevibile

c) invalido

d) improcedibile

RISPOSTA ESATTA: D

55) L'atto introduttivo della procedura innanzi all'Arbitro Bancario Finanziario, se proposto nei confronti di soggetti non legittimati passivamente, è:

a) inefficace

b) inammissibile

c) improcedibile

d) inesistente

RISPOSTA ESATTA: B

56) L'atto introduttivo della procedura innanzi all'Arbitro Bancario Finanziario può essere presentato anche presso:

a) qualsiasi sede di associazione consumeristica ovvero professionale ovvero sindacale

b) qualsiasi filiale della Banca d'Italia

c) qualsiasi Ufficio Territoriale del Governo

d) qualsiasi Direzione Provinciale del Ministero dell'Economia

RISPOSTA ESATTA: B

57) L'operatore del credito convenuto innanzi all'Arbitro Bancario Finanziario presenta le proprie controdeduzioni alla segreteria tecnica dell'articolazione territoriale adita entro:

a) sessanta giorni liberi

b) quarantacinque giorni liberi

c) quarantacinque giorni feriali

d) quarantacinque giorni ovvero trenta giorni qualora l'invio avvenga nei confronti dell'eventuale organismo associativo di adesione

RISPOSTA ESATTA: D

58) L'istruttoria compiuta dall'Arbitro Bancario Finanziario è:

a) parimenti documentale e testimoniale

b) tendenzialmente documentale e in via sussidiaria testimoniale

c) meramente documentale

d) meramente testimoniale

RISPOSTA ESATTA: C

59) La decisione dell'Arbitro Bancario Finanziario deve essere pronunciata nel termine di:

a) sessanta giorni dalla data di ricezione delle controdeduzioni ad opera della parte convenuta ovvero dalla data in cui esse si sarebbero dovute presentare

b) quarantacinque giorni dalla data di avvio del procedimento

c) quarantacinque giorni dalla data di ricezione delle controdeduzioni ad opera della parte convenuta ovvero dalla data in cui esse si sarebbero dovute presentare

d) sessanta giorni dalla data di avvio del procedimento

RISPOSTA ESATTA: A

60) L'organo decidente dell'Arbitro Bancario Finanziario assume le proprie decisioni:

a) all'unanimità dei propri componenti

b) a maggioranza qualificata dei due terzi dei propri componenti

c) a maggioranza qualificata dei quattro quinti dei propri componenti

d) a maggioranza semplice dei propri componenti

RISPOSTA ESATTA: D

61) Sussiste obbligo di astensione per il componente dell'organo decidente dell'Arbitro Bancario Finanziario allorché:

a) si configuri conflitto di interessi rispetto alle parti ovvero alle questioni della vertenza

b) si verifichi una delle cause di incompatibilità previste per i giudici dal Codice di Procedura Civile

c) si verifichi una delle cause di incompatibilità previste per i mediatori dal Codice Europeo di Condotta dei Mediatori

d) vi siano ragioni di inimicizia personale con almeno una delle parti

RISPOSTA ESATTA: A

62) L'esperimento di una procedura conciliativa durante la pendenza e in ordine alle stesse ragioni di vertenza incardinata innanzi

all'Arbitro Bancario Finanziario comporta con riferimento alla medesima procedura dell'ABF:

a) estinzione

b) perenzione

c) nessun effetto

d) sospensione

RISPOSTA ESATTA: D

63) L'esperimento di una procedura arbitrale durante la pendenza e in ordine alle stesse ragioni di vertenza incardinata innanzi all'Arbitro Bancario Finanziario comporta con riferimento alla medesima procedura dell'ABF:

a) prosecuzione, previo consenso dell'utente del credito interessato ovvero estinzione

b) estinzione

c) sospensione

d) perenzione

RISPOSTA ESATTA: A

64) Il termine di comunicazione della decisione dell'Arbitro Bancario Finanziario alle parti è di:

a) trenta giorni dall'estensione del testo

b) quaranta giorni dall'assunzione

c) trenta giorni dall'assunzione

d) quaranta giorni dall'estensione del testo

RISPOSTA ESATTA: C

65) Il termine di adempimento dell'operatore del credito convenuto innanzi all'Arbitro Bancario Finanziario è:

a) trenta giorni dalla comunicazione della pronuncia alla controparte

b) trenta giorni dalla comunicazione, a meno di differente indicazione

c) sessanta giorni dalla comunicazione della pronuncia alla controparte

d) sessanta giorni dalla comunicazione, a meno di differente indicazione

RISPOSTA ESATTA: B

66) I termini della procedura innanzi all'Arbitro Bancario Finanziario sono soggetti a sospensione:

a) feriale, come con riguardo ai termini della procedura giurisdizionale

b) durante tutti i giorni prefestivi

c) sempre, nei periodi compresi tra il 01 e il 31 agosto nonché tra il 23 dicembre e il 6 gennaio

d) sempre, nel periodo compreso tra il 01 e il 31 agosto

RISPOSTA ESATTA: C

67) I Codici di Condotta cui l'operatore del credito convenuto innanzi all'Arbitro Bancario Finanziario hanno rilievo nella decisione del medesimo:

a) mai

b) sempre

c) si, purché le disposizioni ivi contenute non deroghino alle previsioni di legge

d) si, purché le disposizioni ivi contenute si armonizzino con le circolari della Banca d'Italia

RISPOSTA ESATTA: B

68) La correzione della decisione dell'Arbitro Bancario Finanziario è ammessa:

a) incondizionatamente

b) soltanto con riferimento a omissioni ovvero errori di calcolo

c) previa autorizzazione della Banca d'Italia

d) previa autorizzazione dell'Autorità Giudiziaria

RISPOSTA ESATTA: B

69) La richiesta di correzione della decisione dell'Arbitro Bancario Finanziario è avanzata:

a) all'articolazione territoriale da cui la decisione medesima sia promanata

b) ad articolazione territoriale diversa e scelta dal direttore generale della Banca d'Italia

c) ad articolazione territoriale diversa e scelta dal Governatore della Banca d'Italia

d) ad articolazione territoriale diversa e sorteggiata presso il Ministero dell'Economia

RISPOSTA ESATTA: A

70) La richiesta di correzione della decisione dell'Arbitro Bancario Finanziario è esaminata in via preliminare:

a) dal presidente dell'articolazione territoriale adita

b) dal componente anagraficamente più anziano dell'articolazione territoriale adita

c) dal presidente o dal componente, all'uopo delegato dal medesimo, dell'articolazione territoriale adita

d) dal plenum dell'articolazione territoriale adita

RISPOSTA ESATTA: C

71) A seguito della pronuncia di accoglimento della richiesta di correzione della decisione dell'Arbitro Bancario Finanziario, il termine di adempimento a carico dell'operatore del credito interessato:

a) è sospeso automaticamente

b) continua a decorrere

c) è sospeso a discrezione delle parti

d) è sospeso a discrezione dell'organo decidente

RISPOSTA ESATTA: A

72) Il termine di decisione sulla richiesta, ove ritenuta ammissibile, di correzione della pronuncia dell'Arbitro Bancario Finanziario ammonta a:

a) sessanta giorni dalla presentazione

b) sessanta giorni dalla declaratoria di ammissibilità

c) trenta giorni dalla presentazione

d) trenta giorni dalla declaratoria di ammissibilità

RISPOSTA ESATTA: D

73) Nell'accogliere la richiesta di correzione di una propria decisione, l'Arbitro Bancario Finanziario può imporre ulteriori adempimenti a carico dell'operatore del credito interessato:

a) no, mai

b) si, sempre

c) si, purché le parti vi abbiano espressamente consentito

d) si, purché nella richiesta la parte istante abbia avanzato apposita petizione

RISPOSTA ESATTA: B

74) La dichiarazione di ammissibilità della richiesta di correzione di una decisione dell'Arbitro Bancario Finanziario interrompe il termine di adempimento dell'operatore del credito interessato:

a) si, sempre

b) no, mai

c) si, ma a discrezione dell'organo decidente

d) si, ma esclusivamente con riferimento a determinate tipologie di controversie

RISPOSTA ESATTA: A

75) L'inadempimento di un operatore del credito rispetto alla decisione dell'Arbitro Bancario Finanziario è sanzionato:

a) con sanzione pecuniaria, irrogata dalla Banca d'Italia

b) con sanzione pecuniaria, irrogata dall'organo decidente

c) con la sospensione, in misura variabile e discrezionalmente stabilita dalla Banca d'Italia, dall'esercizio dell'attività

d) con la pubblicazione del nominativo sui siti della Banca d'Italia e dell'Arbitro Bancario Finanziario nonché in due quotidiani a diffusione nazionale

RISPOSTA ESATTA: D

76) La mancata collaborazione procedurale dell'operatore del credito convenuto innanzi all'Arbitro Bancario Finanziario è considerata:

a) irrilevante

b) integratrice di inadempimento

c) penalmente illecita

d) rilevante ai fini dell'asseverazione delle tesi difensive di controparte

RISPOSTA ESATTA: B

77) Il parziale adempimento dell'operatore del credito convenuto innanzi all'Arbitro Bancario Finanziario rispetto alla decisione del medesimo è considerata:

a) integratrice di inadempimento

b) irrilevante

c) penalmente illecita

d) amministrativamente illecita

RISPOSTA ESATTA: A

78) Il contributo alle spese procedurali versato dall'utente del credito che abbia proposto il ricorso all'Arbitro Bancario Finanziario è restituito, in caso di accoglimento del ricorso medesimo, a cura:

a) dell'Agenzia delle Entrate sotto forma di credito di imposta

b) dell'operatore del credito soccombente, purché l'accoglimento del ricorso non sia stato parziale

c) dell'operatore del credito soccombente

d) della Banca d'Italia

RISPOSTA ESATTA: C

79) La difesa tecnica nella procedura innanzi all'Arbitro Bancario Finanziario è ammessa:

a) no

b) si, previa autorizzazione dell'organo decidente

c) si, previa autorizzazione della Banca d'Italia

d) si

RISPOSTA ESATTA: D

80) L'Arbitro Bancario Finanziario può sollevare questioni di legittimità costituzionale:

a) si

b) no

c) si, previa autorizzazione della Banca d'Italia

d) si, previa autorizzazione dell'Autorità Giudiziaria

RISPOSTA ESATTA: B

81) La Segreteria Tecnica è in seno all'Arbitro Bancario Finanziario struttura:

a) dirigenziale

b) ausiliaria

c) consultiva

d) organizzativa centralizzata

RISPOSTA ESATTA: B

82) Tra le seguenti attività, non è di competenza della Segreteria Tecnica dell'Arbitro Bancario Finanziario:

a) la designazione dei componenti dell'organo decidente

b) la formazione dei fascicoli procedurali

c) l'accertamento della completezza degli incartamenti dei ricorsi

d) la realizzazione dell'archivio elettronico delle decisioni

RISPOSTA ESATTA: A

83) L'Arbitro Bancario Finanziario ha una struttura di coordinamento delle segreterie tecniche territoriali:

a) no

b) si, presso l'Amministrazione Centrale della Banca d'Italia

c) si, presso il Ministero dell'Economia e delle Finanze

d) si, presso la Presidenza del Consiglio dei Ministri

RISPOSTA ESATTA: B

84) Le Segreterie Tecniche dell'Arbitro Bancario Finanziario sono ubicate presso:

a) ciascuna articolazione territoriale

b) ogni sede della Banca d'Italia

c) ogni Ufficio Territoriale del Governo

d) gli Uffici Territoriali del Governo di Roma e Milano e Napoli, con competenza sulle articolazioni territoriali di rispettiva prossimità geografica

RISPOSTA ESATTA: A

85) La Segreteria Tecnica del Collegio di Coordinamento dell'Arbitro Bancario Finanziario è ubicata presso:

a) l'articolazione territoriale di Roma

b) l'articolazione territoriale di Milano

c) l'articolazione territoriale di Napoli

d) competente originariamente alla trattazione del ricorso rimesso

RISPOSTA ESATTA: D

86) L'adizione dell'Arbitro Bancario Finanziario da parte del Prefetto è possibile:

a) mai

b) sempre

c) soltanto in relazione a determinate ipotesi oggettive

d) soltanto in relazione a determinate ipotesi soggettive

RISPOSTA ESATTA: C

87) Il Prefetto adisce l'Arbitro Bancario Finanziario ad impulso:

a) proprio, d'ufficio

b) proprio, previa segnalazione di un'associazione di tutela dei consumatori aderente al Consiglio Nazionale dei Consumatori e degli Utenti

c) proprio, previa segnalazione della Guardia di Finanza

d) dell'utente del credito interessato

RISPOSTA ESATTA: D

88) Alle procedure innanzi all'Arbitro Bancario Finanziario di promanazione prefettizia non si applicano le disposizioni sulla:

a) corresponsione del contributo alle spese di procedura

b) competenza territoriale delle articolazioni periferiche

c) composizione dell'organo decidente

d) istruzione del procedimento

RISPOSTA ESATTA: A

89) La procedura innanzi all'Arbitro Bancario Finanziario di promanazione prefettizia si conclude nel termine di:

a) novanta giorni dal completamento dell'istruzione

b) trenta giorni dalla segnalazione

c) trenta giorni dal completamento dell'istruzione

d) trenta giorni dal completamento dell'istruzione, salva la sospendibilità – per periodi non superiori a trenta giorni complessivamente – del termine onde provvedervi ove necessario

RISPOSTA ESATTA: D

90) All'invito del Prefetto a seguito della segnalazione del cliente interessato, la Banca deve fornire risposta entro:

a) trenta giorni dalla ricezione

b) sessanta giorni dalla ricezione

c) trenta giorni dalla ricezione, salvo diverso termine all'uopo impartito

d) sessanta giorni dalla ricezione, salvo diverso termine all'uopo impartito

RISPOSTA ESATTA: D

INDICE

PARTE PRIMA: RIFLESSIONI SULL'ARBITRATO

Tipi di arbitrato nell'ordinamento giuridico italiano 07
(F. Amoroso)

Differenze tra arbitrato, arbitraggio e perizia contrattuale nell'ordinamento giuridico italiano 19
(F. Amoroso)

PARTE SECONDA: L'ARBITRATO BANCARIO FINANZIARIO

1. Caratteristiche generali dell'Arbitro Bancario Finanziario (M. Colella) 31
2. Il regolamento di procedura dell'Arbitro Bancario Finanziario 34

a) Le definizioni (M. Colella) 34
b) L'adesione alla rete Fin.Net (M. Izzo) 35
c) L'organo decidente (M. Colella) 35
d) La Segreteria Tecnica (M. Izzo) 40
e) Il reclamo all'intermediario (M. Colella) 41
f) Avvio del procedimento (M. Colella) 42
g) Lo svolgimento del procedimento (M. Colella) 44
h) Correzione della decisione (A. Amoroso) 46
i) Mancato rispetto della decisione (M. Colella) 47
j) Il procedimento ad istanza del Prefetto (M. Tocci) 48

PARTE TERZA: LE APPENDICI (M. Tocci)

Disposizioni della Banca d'Italia del 13 novembre 2012 53

Codice Deontologico per i componenti dell'Organo decidente 90

PARTE QUARTA: I QUIZ (M. Tocci) 97

Profilo biografico del curatore

Mario Tocci è avvocato in Cosenza e docente di Diritto Sportivo nella Libera Università delle Scienze Umane e Tecnologiche di Lugano nonché dottore di ricerca in "Impresa, Stato e Mercato" nell'Università Statale degli Studi della Calabria, presso la cui Facoltà di Scienze Politiche nella Cattedra di Diritto Privato è altresì cultore della materia.

Mediatore civile e commerciale nonché formatore accreditato presso il Ministero della Giustizia per i corsi di qualificazione dei mediatori civili e commerciali.

Responsabile scientifico di vari enti di formazione per mediatori civili e commerciali.

Già membro del Consiglio Esecutivo Nazionale dell'Associazione degli Avvocati Giusconsumeristi Italiani.

Già membro del Gruppo di Ricerca per la costituzione dell'Osservatorio sulla Salute dei soggetti in età scolare residenti nella città di Cosenza, istituito dal Dipartimento di Scienze Giuridiche dell'Università Statale degli Studi della Calabria in collaborazione con l'Amministrazione Comunale di Cosenza.

Membro del Comitato Scientifico delle riviste giuridiche "Diritto & Diritti" e "Diritto e Processo".

Autore di numerose pubblicazioni.

Docente in molti corsi di formazione professionale.

Direttore della collana "Zaleuco – Studi in materia di ADR" per la casa editrice "Primiceri".

Note biografiche degli autori

Marina Colella è avvocato del Foro di Roma.

Massimo Izzo è avvocato del Foro di Roma.

Alessandro Amoroso è avvocato del Foro di Cosenza.

Fabio Amoroso è praticante avvocato del Foro di Cosenza.